AMARGO REGRESSO

EDITORA EME

Solicite nosso catálogo completo, com mais de 500 títulos, onde você encontra as melhores opções do bom livro espírita: literatura infantojuvenil, contos, obras biográficas e de autoajuda, mensagens espirituais, romances, estudos doutrinários, obras básicas de Allan Kardec, e mais os esclarecedores cursos e estudos para aplicação no centro espírita – iniciação, mediunidade, reuniões mediúnicas, oratória, desobsessão, fluidos e passes.

E caso não encontre os nossos livros na livraria de sua preferência, solicite o endereço de nosso distribuidor mais próximo de você.

Edição e distribuição
EDITORA EME
Avenida Brigadeiro Faria Lima, 1080 – Vila Fátima
CEP 13369-040 – Capivari-SP
Telefones: (19) 3491-7000 | 3491-5449
Vivo (19) 9 9983-2575 ☺ | Claro (19) 9 9317-2800
vendas@editoraeme.com.br – www.editoraeme.com.br

MÁRIO SURIANI

AMARGO REGRESSO

ROMANCE MEDIÚNICO
PELO ESPÍRITO
PROF. ALCEU DE SOUZA NOVAES

Capivari-SP
– 2023 –

© 2023 Mário Suriani

Os direitos autorais desta obra foram cedidos pelo autor para a Editora EME, o que propicia a venda dos livros com preços mais acessíveis e a manutenção de campanhas com preços especiais a Clubes do Livro de todo o Brasil.

A Editora EME mantém o Centro Espírita "Mensagem de Esperança" e patrocina, junto com outras empresas, instituições de atendimento social de Capivari-SP.

1ª edição – janeiro/2023 – 3.000 exemplares

CAPA E DIAGRAMAÇÃO: André Stenico
REVISÃO | Rosângela Borges de Lima

Ficha catalográfica
Novaes, Alceu de Souza, (Espírito)
    Amargo regresso / pelo espírito prof. Alceu de Souza Novaes; [psicografado por] Mário Suriani – 1ª ed. jan. 2023
    224 pág.
    ISBN 978-65-5543-087-5
    1. Romance mediúnico 2. Escravidão no Brasil 3. Lei de ação e reação I. TÍTULO.

CDD 133.9

AGRADECIMENTOS

A TODOS AQUELES que trabalharam para que esta obra viesse a público. Minha gratidão é maior ainda ao espírito que confiou a mensagem a nós – médium, editor, revisor, divulgador. Agradeço, enfim, a cada um que de certa forma contribuiu com sua vibração positiva para que os leitores pudessem conhecer uma triste, porém exemplar história, cujo protagonista teve a humildade de revelá-la a mim. Sebastião, a você, meu muito obrigado!

E não posso deixar de agradecer imensamente a duas pessoas em especial.

Primeiramente, ao insigne professor Alceu de Souza Novaes, que nos premiou com sua bela e cativante narrativa. Não tive o prazer de conhecê-lo em vida, mas, nos últimos cinco anos, descobri fatos interessantes que ligam nossas trajetórias. Quando se busca o conhecimento com determinação e discernimento, não é preciso morrer para descobrir tantas "coincidências". E é com essa perspectiva que agradeço profundamente à pessoa que despertou meu potencial nesse sentido: Margareth Pummer, minha mentora encarnada.

DEDICATÓRIA

O TREM PAROU numa estação chamada Firpavi. Subiu uma mocinha dos seus 14 anos de idade. Bonita! Nossos olhares se cruzaram. Nos meus 20 anos de idade, pensei: "Será ela?". Claro que a convidei para sentar-se ao meu lado. Fiz isso antes que alguém o fizesse. Não acredito nessa história que o mundo é dos espertos, mas com certeza dos mais rápidos e inteligentes.

E assim nossa viagem prosseguiu com paisagens bonitas, noutras vezes vinham as tempestades, mas logo passavam e dessa forma estamos há 47 anos nessa viagem do trem da vida.

A ela, **Marilene Santos Suriani**, dedico esta obra por me ajudar a vencer os desafios naquilo que nos comprometemos ao longo de nossas existências de espíritos imortais.

SUMÁRIO

Prefácio 11
Capítulo I
Fazenda Pombal 15
Capítulo II
Novos habitantes 19
Capítulo III
André 23
Capítulo IV
Reencontro de almas 27
Capítulo V
Primeiros planos 33
Capítulo VI
Tobias 41
Capítulo VII
A volta de Matias 51
Capítulo VIII
Jogando com as vidas 59
Capítulo IX

Veneno até nas plantas 67
Capítulo X
Primavera irrequieta 77
Capítulo XI
Vidas em conflitos 85
Capítulo XII
Amanhecer violento 93
Capítulo XIII
O jogo não acabou 103
Capítulo XIV
De volta à Pombal 115
Capítulo XV
Caçada implacável 125
Capítulo XVI
Rastros de ódio 135
Capítulo XVII
Meu ódio será sua herança 143

Epílogo 157

LIVRO 2 165

O despertar de um espírito 167
Viagem fantástica 175
Contando os dias 183
O alquimista 191
A volta 203
No palácio imperial 211
Palavras finais de Sebastião 217

Palavras do médium
Detalhe de uma mensagem 221

PREFÁCIO

ESTA OBRA É um tratado de como a desídia pode nos afetar durante séculos, prendendo-nos a um mundo de sofrimentos quando poderíamos trabalhar e habitar mundos felizes.

O comportamento do protagonista desta história, o espírito Sebastião, em sua existência anterior com o nome de Paulo, dá-nos claramente a ideia do quanto representam os prejuízos causados pelos atos de omissão.

É comum as pessoas se justificarem de erros dizendo: "Eu não minto, apenas omito.".

Está claro que erros por omissão são tão graves quanto mentiras.

E ainda com o agravante de se pretender mascarar uma falha agindo-se de forma premeditada.

Evidentemente não estamos aqui falando de uma pessoa omitir um fato irrelevante a fim de não causar sofrimentos desnecessários.

O que é tratado nesta história – e louve-se a humildade do protagonista em reconhecer os erros e estar trabalhando para repará-los há dois séculos – é uma das questões-chave de *O Livro dos Espíritos*, em que Allan Kardec pergunta aos espíritos superiores se o simples fato de o homem não fazer o mal já seria suficiente para ter ele uma vida correta na Terra.

A resposta do Espírito da Verdade é límpida:

– Não. É preciso fazer todo o bem necessário. E ainda acrescenta: "Cada um responderá por todo o mal decorrido em função de sua omissão.".

Dessa forma, deixamos aos nossos leitores uma história para uma boa reflexão, lembrando que o maior crime, a mais cruel e injusta falta cometida contra uma pessoa no planeta Terra foi aquela gerada pela omissão de Pôncio Pilatos.

Conheço o espírito Sebastião há muitos anos, e sua história me comoveu a cada detalhe contado por ele ao longo de nosso convívio.

Fui acolhido por ele logo após meu processo de desencarnação da última existência na Terra, há quase 60 anos e desde aquela época trabalho com ele em seus projetos socorristas, principalmente a todos aqueles espíritos participantes desta história.

Desde então, lado a lado com esse ser que é um exemplo de dedicação e altruísmo, sinto-me honrado e agradecido por participar do processo que deu origem a esta história, uma vez que os fatos em si ocorridos na primeira metade do século XIX ainda trazem muitas dores ao sensível e bondoso espírito Sebastião.

Espero que esta narrativa tenha retratado fielmente o ocorrido nas Minas Gerais naquela oportunidade, conforme relatos que vim ouvindo de Sebastião e registrando ao longo dos últimos anos.

Que a leitura deste livro possa auxiliar na transformação moral de todos aqueles que dele tomarem conhecimento.

Alceu de Souza Novaes

CAPÍTULO I
FAZENDA POMBAL

VIVÍAMOS O FINAL do primeiro quarto do século XIX.

Os irmãos da mãe África chegavam contínua e interminavelmente à terra do Cruzeiro do Sul.

Infelizes e desterrados de suas origens, vendidos por seus próprios irmãos, separados dos entes queridos, choravam a ausência da terra-mãe.

Por sua vez, o Brasil vivia agitados tempos do período de pós-independência de Portugal, ainda tentando consolidar um vasto império sacudido por incontáveis revoluções de norte a sul do novo país. A economia por essa época estava totalmente assentada no desumano trabalho escravo.

Paulo, rico fazendeiro, não era de todo mau; todavia, era omisso nas situações em que deveria agir com sensatez e equilíbrio. Tendo conhecimento a respeito da forma como eram tratados seus escravos, acabava esquivando-se, deixando tudo sempre aos cuidados do cruel e insensato feitor Matias.

Matias fora conduzido ao cargo por interferência ainda do pai de Paulo. De caráter maldoso, o velho Jerônimo escolhia a dedo seus mais diretos auxiliares. Quanto mais duro e desumano, maiores eram as chances de ser guindado aos principais postos na direção da fazenda.

E, tão logo o velho Jerônimo fechou os olhos para sempre, Paulo assumiu, ainda jovem, o comando da propriedade deixando seguir o estilo de seu pai, ou seja, aqueles homens que foram de confiança total de Jerônimo continuaram a comandar a Fazenda Pombal.

Para a infelicidade completa dos trabalhadores, se houve mudança, esta foi para pior.

A frustração era grande porque havia uma esperança no seio da comunidade escrava, uma vez que o jovem Paulo sempre se mostrara dócil com os escravos, no que era repreendido duramente por Jerônimo. No leito de morte, o infeliz moribundo praticamente passou aos cuidados de seus administradores todo o caminho a seguir, advertindo Paulo que, se assim não fosse, este poderia perder tudo que ele, o pai, tinha conseguido.

Dessa forma, Paulo não teve a iniciativa e a força de caráter suficiente para mudar aquele quadro.

Tinha em Matias o homem de confiança; todavia, seu feitor era temido até por proprietários de fazendas vizinhas. Não titubeava em castigar os pobres negros até por simples capricho. Além disso, ai daquela mocinha que fosse atraente. Matias abusava de todas aquelas que tivessem a infelicidade de agradar-lhe os sentidos brutos.

Os dias eram, assim, de muito medo e revolta, sob o conhecimento e a concordância de Paulo.

Naquela tarde fria do outono de 1825, chegavam novos escravos, que marcariam a história da Fazenda Pombal a ferro e sangue.

Entre essas pessoas, uma mulher seria o pivô de tudo: Maria Auxiliadora; esse é o novo nome recebido em terras brasileiras.

CAPÍTULO II
NOVOS HABITANTES

Os escravos que chegavam à Fazenda Pombal vinham em grande parte de negociações entre os grandes e pequenos proprietários da região das Minas Gerais.

Alguns eram adquiridos no mercado de escravos do Rio de Janeiro ou de Salvador, mas o custo e o risco no transporte com exposição aos ataques de fugitivos que habitavam quilombos eram fatores a considerar.

Assim, ocorriam muitas negociatas em que os devedores pagavam seus débitos repassando escravos. Esses que chegavam, agora, vinham de proprietários paulistas. Formavam um grupo heterogêneo em relação à procedência de suas terras de nascimento.

Maria Auxiliadora pertencia à chamada raça negro-mina. Os componentes dessa raça tinham essa denominação por serem embarcados na feitoria de São Jorge da Mina, atual Gana, cidade de Elmina. Eram trabalhadores muito utilizados na mineração.

Essa escrava era de uma beleza rara. Filha de um português com uma habitante de uma nação africana, herdara a beleza da mãe, combinada com os traços europeus do pai.

Viviam muito bem em sua terra, mas as constantes guerras entre as próprias tribos africanas fizeram que fossem derrotados pelos inimigos, e acabaram, como era de praxe, sendo escravizados e vendidos aos traficantes.

Separada de sua família, tornara-se vítima de sua beleza. De caráter fútil, acabara se envolvendo com um dos filhos de seu ex-proprietário, que resolveu vendê-la a preço bem baixo para liquidar pequena dívida e ao mesmo tempo livrar-se do "problema".

Dessa forma, Maria Auxiliadora vinha nesse grupo e, por sorte, passou algum tempo sem ser notada pelo maldoso feitor, algoz de muitas escravas naquela fazenda.

Os dias corriam intranquilos, como ficaram desde a morte de Jerônimo em razão da omissão e conivência do herdeiro, seu filho Paulo.

Matias e seus homens ganhavam cada vez mais ousadia na prática de todo tipo de maldade e até desonestidade, lesando a economia da propriedade. Embora fosse uma pessoa sem marcas de perversidade, Paulo pecava pela falta de pulso.

Entre os escravos que já laboravam ali havia algum tempo destacava-se, como uma espécie de líder, Maurício. Forte, determinado e com uma capacidade elevada de trabalho, nutria pelo feitor um ódio mortal. Aos mais íntimos chegava a expor suas ideias de fuga, mas com todo o cuidado, pois a grande maioria era dominada pelo medo, com toda razão, pois uma tentativa de fuga frustrada teria péssimas consequências.

As histórias que chegavam de outras fazendas não animavam em nada uma iniciativa dessa natureza. Maurício, de origem banta, viera do Congo e tinha como objetivo primeiro buscar sua liberdade.

Fugir da Fazenda Pombal era quase impossível: a localização não ajudava, pois era cercada por pântanos, encravada num vale, com uma topografia totalmente desfavorável para essa empreitada.

Além disso, era uma população de escravos muito pacífica e de certo modo muito acomodada, na visão de Maurício.

De verdade mesmo, ele podia contar apenas com duas pessoas: Henrique e Pedro, o segundo, banto como ele, que compartilhavam suas ideias.

Havia, no entanto, além desses entraves, o risco que representava o feitor, que poderia facilmente matá-los num castigo no tronco. Outro perigo eram os próprios companheiros, que, com medo de represálias, que indubitavelmente viriam para os que ficassem, poderiam delatá-los, até involuntariamente, fazendo comentários de forma inadvertida, o que com certeza contribuiria para a descoberta dos planos por parte do astuto Matias e de seus comparsas.

Mas a chegada desse grupo era tudo que Maurício precisava para levar adiante seus projetos.

Maria Auxiliadora representava o primeiro motivo. Escravos fortes, novos e com a mesma sede de liberdade completavam o quadro.

Paulo, complacente como proprietário, seria o fiel da balança nessa disputa.

Tudo dependeria agora de que Paulo tomasse decisões enérgicas, mas que visassem ao bem-estar da propriedade e de seus próprios escravos. Ou que permanecesse como aquela pessoa que não praticava o mal, mas também não fazia o bem necessário.

Estava nas mãos de Paulo o destino de dezenas de vidas.

Basta ao homem não praticar o mal para agradar a Deus e garantir sua posição no futuro?

– Não, é preciso fazer o bem no limite de suas forças; pois cada um responderá por todo o mal que haja resultado de não haver praticado o bem. (KARDEC, A. *O Livro dos Espíritos*. Questão 642).

CAPÍTULO III
ANDRÉ

VIVIA NA FAZENDA uma pessoa muito especial, respeitada por todos, que tinha um lugar reservado nas partes logo abaixo da casa grande, onde habitava por decisão de Jerônimo desde muito antes de este morrer.

Tratava-se de André. Já chegando ao meio século de vida, fora no passado o negro de confiança de Belarmino, avô de Paulo.

Filho da negra que cuidava da cozinha, cresceu junto aos familiares dos donos e, devido a sua humildade, inteligência e capacidade de trabalho, era o responsável, à época de sua mocidade e posteriormente na idade adulta, pelos cuidados com o gado.

Assim, crescera junto com Jerônimo, sendo um pouco mais velho que o patrão.

Entre as raríssimas pessoas que poderiam influenciar Jerônimo estava André.

Constantemente o fazendeiro procurava André para conversar em seu quartinho, que ficava logo abaixo da cozinha.

– Sinhozinho, carece dar mais atenção ao menino Paulo no preparo para cuidar de sua fazenda.

– André, você está louco? Tenho saúde e disposição para viver muitos anos ainda, velho!

– Ninguém sabe a vontade de Deus, patrão. Muitas vezes o dia de nossa liberdade está muito mais próximo do que parece.

André tinha uma capacidade moral muito elevada. Tinha sonhos que eram verdadeiras aulas. Sabia, por intuição, que o patrão não viveria mais no corpo físico por muito tempo.

– Deus tem coisa melhor para fazer, meu caro – assim respondia o orgulhoso patrão.

– Jerônimo, nossas vidas têm Quem controla. Os negros lutam pela liberdade, mas a verdadeira libertação quase ninguém percebe.

– Vê-se que a idade lhe pesa na mente, André. Da nossa vida cabe a nós mesmos cuidar. Você é livre. Não há o que temer. Os outros chegam aqui a custo de dinheiro. Esses, sim, não prescindem da liberdade por razão mais que justa: paguei pela vida deles, logo me pertencem. Até Deus sabe disso.

Percebia-se claramente que os interlocutores tinham uma diferença enorme na elevação moral. Não obstante, o destino os colocara lado a lado. Pela visão materialista, Jerônimo era superior a André, mas a realidade era clara: pelas leis do universo, era exatamente o oposto.

André tinha conhecimento de tudo que se passava na propriedade. Todos o procuravam, fosse por dúvidas em determinados serviços, fosse por problemas de saúde, pois era um benzedor muito afamado. Graças à sua elevada conexão com o astral superior, conseguia curas inacreditáveis.

Dos raros habitantes dali que não o aceitavam, um era Matias. De natureza bruta e com os sentimentos entorpecidos pela cobiça e maldade, invejava-lhe a posição de respeito, sem entender como um negro poderia levar uma vida daquelas. Mas quem tinha coragem para discordar de Jerônimo?

Somente o fiel amigo e servidor da infância e juventude do patrão poderia fazê-lo: André.

André angariara de todos a confiança, o respeito e o carinho pela forma com que exercia o amor ao próximo.

Entre os dois, André e Jerônimo, ainda se repetiria por mais algum tempo essa conversa, em que André tentava alertar o patrão sobre a necessidade de preparar o filho para os novos desafios que viriam.

Jerônimo, no entanto, não tinha condições de entender o recado.

– Sinhozinho, conheci seu pai tão bem quanto o senhor. Com que idade ele o colocou na lida?

– Meu pai era diferente de mim, André. Até com os escravos ele era muito conversador. Você sabe disso. Não tem como ser benevolente com essa gente. Paulo puxou a meu pai, o velho Belarmino. Vai demorar muito a amadurecer.

– Engano seu, sinhozinho. Seu pai tinha bondade na alma sem ser conivente com erros. Respeitava sem deixar de perder o controle sobre a situação. Impunha-se pela autoridade sem ser cruel.

– Vê-se que você tem preocupações sem fundamentos. Não queira colocar Paulo em lugar que ele ainda não merece. Vocês ainda vão ter que aguentar este velho Jerônimo por muitos anos – falando assim, deu uma sonora gargalhada e saiu, não sem antes tomar mais um gole do gostoso café que André lhe servia.

Meneando a cabeça, André, sentado em seu toco de madeira, que lhe servia de cadeira, deu uma tragada no inseparável cigarro de palha e ficou a meditar:

"O que seria daquela propriedade quando o verdadeiro patrão fechasse os olhos para sempre?"

Sabia dos desmandos de Matias e temia, com toda razão, pelo futuro do inexperiente e desinteressado Paulo.

Quantas vidas estariam em jogo?

Debalde, tentava intervir em favor de um futuro melhor para tantas almas endividadas pelos caminhos da vida.

"Só Deus mesmo e Nosso Senhor Jesus Cristo", pensava consigo, "para ter compaixão desses seres.".

Jerônimo era muito cabeça dura para enxergar.

CAPÍTULO IV

REENCONTRO DE ALMAS

– Qual é seu nome?
– Maria Auxiliadora, por quê? – respondeu de forma arrogante a mulher que acabava de chegar à Fazenda Pombal. Contrariando o comportamento feminino para a época, a moça mostrava-se soberba, sem um mínimo receio de expor seu caráter esnobe.
– Aconselho a mudar o modo de agir por essas paragens. Negro aqui só tem o direito de baixar os olhos e falar pouco e principalmente nunca formular uma pergunta sequer.

Maurício, o negro corajoso e muito respeitado, falava nesses termos procurando manter sua liderança ali, mas naquele momento estava de certa forma deslumbrado com a beleza da nova escrava. Estava ainda mais satisfeito por ter chegado alguém tão destemido, com uma autoestima muito elevada. "Precisavam muito disso" – pensava ele. Principalmente porque aquele grupo era tão pacato, tão passivo, que até era motivo de desânimo de sua parte. Pena que para essa finalidade a pessoa em questão era uma mulher; ela acabaria se tornando presa fácil da maldade de Matias. Precisaria ter paciência com ela, mas não queria usá-la porque em seu coração um sentimento forte já despontava. Pela sua própria índole, não afeito a essas coisas do coração, desconhecia que sua interlocutora vinha como uma viajante no tempo, de outras eras, nas quais já tiveram vidas afetivas marcadas pelo sentimento mais profundo do amor.

– Sabe... – disse ela, buscando completar a frase, mas de olhos terrivelmente atraentes e penetrantes, dando a entender pela hesitação que queria saber o nome do moço.

– Maurício – completou, de cara fechada, o rapaz.

– Então, Maurício, costumo não ter medo aonde chego. Sei de tudo isso que você me diz. Não nasci ontem, mas, apesar de minha condição de escrava, confio nas minhas habilidades. Na verdade estou, no momento, na condição de escrava, mas lhe digo que não nasci assim. Faço meu trabalho, sim, como as outras mulheres; não sou louca de afrontar aqueles que detêm momentaneamente nossas vidas, mas tenho consciência do que sou capaz. Eu sei até onde posso ir.

"Arrogante, a moça!" – pensou calmamente o rapaz. Atraído por aquele comportamento tão ousado e admirado pela beleza da mestiça, Maurício sentia ao mesmo tempo que não poderia deixar que se perdesse o respeito e a ascendência que tinha sobre o grupo.

– Precisamos de pessoas com essa forma de pensar por aqui, mas, considerando que é mulher, devo alertá-la que melhor para você seria medir bem o que fala e baixar um pouquinho sua arrogância. Não falo por suposta autoridade, mas, sim, atento ao que vejo há alguns anos nessa fazenda. Temos um feitor que é o próprio diabo na Terra. Para colocá-la no tronco, basta não ir com sua cara.
– Para esse tipo de gente tenho os meus recursos.
– Cale-se! – Maurício entendera a argumentação de forma tão clara e, com a primeira pontada de ciúmes, quase perdeu o controle e esbofeteou a escrava.
– Não me calo, não. Essa é uma condição que não me imponho. Claro que sei o momento e com quem devo assim agir.

Maurício percebeu que era inútil prosseguir e, além de tudo, precisava conquistar a moça por ordem de seu coração. Mesmo não querendo, num primeiro momento entendia que aquela valentia poderia ser usada como uma arma em favor de seus projetos.

Melhor não usar a força agora. Daria linha aos instintos descontrolados da moça.

Precisava ver se isso valeria a pena. Mas sabia que, optando por esse caminho, os riscos se tornariam muito maiores.

Dessa forma, mudou de estratégia modificando o tom da conversa.

– Você, que tem essa ideia tão forte em relação a sua própria independência, nunca pensou em voltar a ser livre?

— Você sabe melhor que eu: nossa liberdade é um sonho quase impossível. Minha nação perdeu a guerra. Meus pais ficaram mortos na minha terra. Não há mais como reaver a felicidade. Aonde chego, uso os recursos que tenho. Visto uma máscara. Assumo outro ser. Jogo o jogo que me propõem.

A moça era demoníaca, e isso mais ainda atraía o desejo de Maurício.

— Você pensa em liberdade? — ela perguntou de forma agora mais amistosa. — Acha porventura que conseguirá algo tão distante de nós quanto a nossa própria terra?

— Fosse para me conformar com isso aqui, melhor morrer não acha? — respondeu Maurício, agora feliz com o rumo da conversa. — Por outro lado, há perigo em qualquer lugar em que se vá. Temos olhos e ouvidos sobre todos os nossos passos.

— Se você pensa em fugir — argumentou a moça — eu lhe digo: não terá vida longa. De onde venho não era muito diferente. Vi muitos morrerem debaixo de castigos que nem quero lembrar.

Maurício, pensativo, não sabia se expunha seus planos. Até onde a mestiça era confiável? Mas seria uma mulher e tanto a quem se associar. Sobretudo porque o coração e o desejo só faziam aumentar o prazer em estar com alguém como Maria Auxiliadora.

Ela também por sua vez sentia algo pelo jovem, mas melhor seria não deixá-lo perceber.

Era nova ali e precisava ir com cautela. Manipulava a todos com quem convivia, e assim uma paixão descontrolada era algo com que pretendia não se envolver por ora. Pelo menos sem antes conhecer o terreno no qual pisava.

Perdera toda a regalia na propriedade anterior por confiar nas pessoas erradas.

Ousada, tinha, naquela oportunidade, a certeza de que sairia da condição de escrava para a de proprietária, mas seu descontrole na língua colocara tudo a perder, e ainda quase fora parar no lugar dos suplícios.

Saíra no lucro, pensava.

Estivera a um passo de conquistar sua liberdade graças aos seus talentos, representados por sua beleza e artimanha.

Agora estava ali, atraída por aquele homem rude, mas seria o melhor caminho?

"Não." – pensava. "Tenho coisas melhores a fazer, preciso conhecer mais a respeito do que acontece neste lugar. Maurício é belo, atraente e pode, sim, ser uma saída. Todavia, melhor me controlar e deixar isso para possíveis trocas futuras.".

Agia assim, sempre com frieza e buscando vantagens no eterno jogo da vida. Então, Maurício disse:

– Aconselho, se é que pretende ouvir alguém que conhece cada palmo deste inferno, a ir com calma. Isso é uma selva. Selva muito pior do que o lugar em que nascemos e habitamos. Lá temíamos as feras brutas, sempre as donas das matas, mas falo com clareza: pior são os seres humanos que nos dominam. Perdi meus entes queridos também. Tenho saudades de nossa terra, mas se há uma palavra que recomendo é: prudência!

A moça sorriu demonstrando um certo desprezo, mas consciente dos riscos que era uma vida de escravo. Respondeu sem menosprezar:

– Eu agradeço muito e tenho certeza de que trabalharemos juntos como amigos. Não há como ser diferente. Estamos no mesmo barco, meu caro. O que dói aqui – apontou para o próprio corpo e completou, indicando na direção de Maurício – dói aí. Tenha paciência no que pretende fazer, mas fico agradecida pela confiança e orientação. Sejamos amigos. Juntos, poderemos muito mais, concluiu com um sorriso maroto.

O rapaz ficou na dúvida: "Juntos, como parceiros?!" – pensou.

Claro que seria bom, mas ele queria muito mais que uma parceria de negócios.

Lutaria por isso, mas, na sua condição de jovem e impulsivo, percebia que seria uma luta insana para chegar ao topo, pois sabia dos riscos. E ele nem contava com a disputa do maior inimigo: Matias, que ainda não havia entrado no jogo, e o feitor nunca perdia...

CAPÍTULO V
PRIMEIROS PLANOS

PASSARAM-SE 15 DIAS desde a conversa entre Maurício e Maria Auxiliadora.
A vida na senzala teve mudanças significativas. Com a ausência temporária de Matias, respirava-se uma atmosfera de relativa paz por parte dos escravos.
Sabia-se que ele fora em viagem, a mando do patrão, em busca de mais mão de obra para novos projetos que Paulo tentava realizar, ampliando seus negócios com a aquisição de terras de um proprietário vizinho que pretendia voltar para Portugal.
Maurício já estabelecera contatos bem promissores com alguns dos novos escravos que chegaram. Entre estes destacava-se Fernando, cuja inteligência e senso de liderança muito agradara a Maurício.
Outro de destaque era chamado pela comunidade escrava de Mudo em razão de sua dificuldade em se comunicar

em português. Utilizava-se quase que exclusivamente de sinais, gesticulando muito para expressar suas ideias.

Por outro lado, Maria Auxiliadora se integrara mais ao grupo, afeiçoando-se à escrava Ana, bem mais velha que ela e de muito boa índole. Ana havia perdido uma filha recentemente, bem jovem, vitimada por uma doença imprevista. As duas, Ana e Maria Auxiliadora, quase que se adotaram mutuamente como mãe e filha, o que viria a ser, para a jovem rebelde, uma contribuição muito grande em favor de sua melhora comportamental.

Matias ainda não percebera a nova escrava, para a sorte de todos.

Nesse clima de certa tranquilidade, a perspectiva dos projetos de fuga por parte de Maurício ganhava cada vez mais corpo.

Assim, reunindo-se aos dois amigos com os quais já contava, Pedro e Henrique, deliberou marcar uma primeira reunião incluindo os dois novos que chegaram.

Evidentemente não seria tão fácil em termos de horário e local.

O rigor na vigilância dificultava sobremaneira essa parte.

Melhor seria aguardar que todos dormissem e num canto afastado da senzala promover o encontro entre os cinco companheiros.

Havia rondas noturnas quase sempre no mesmo horário. Esperaram que passasse o vigilante e a partir daí começaram a debater os planos.

– Mudo – disse Maurício abrindo a conversação – conte-nos como foi sua tentativa de fuga e qual a maior dificuldade encontrada.

– *Fota arma!* – em seu português difícil, completou sua argumentação sinalizando que a ausência de armas de fogo fora fatal para o fracasso.

– Mas isso é impossível mesmo – retrucou o líder.

– *Ondé achar esse arma? Sem esse não consegue fazer fuga* – falou o escravo.

– Se você for esperar por esse recurso, vai morrer na escravidão. Só vemos armas nas mãos dos vigias, e é comum também aos caçadores de recompensa – essa intervenção de Pedro na conversa atirava um balde de água fria nos planos.

– Não é assim também – interveio Maurício. – Nossas armas são aquelas que já temos: enxadas, foices, e com um pouco de esperteza conseguiremos furtar alguns facões com os quais trabalhamos no corte da cana. Isso já é o suficiente. Sonhar com armas de fogo nessas alturas é cancelar nossos objetivos.

– *Mas, Morisso, lá pra frente não ter como enfrentar aquelas que vêm em nosso encarço! Esse foi o motivo que perdemo a fuga.*

Com muitos gestos e demonstrando dificuldades para encontrar as palavras certas, Mudo era bem convincente no motivo que apresentava como justificativa do fracasso.

– Penso – disse Henrique – que Tobias nos será de grande valia.

– Esquece – disse Maurício. – Este já foi bom. Entregou os pontos e poderá até trabalhar contra.

– Não penso assim. Converso muito com ele e, se há uma coisa que posso garantir é a conduta correta daquele homem. De fato, não quer mais se arriscar em fugas e provavelmente não conseguiremos levá-lo, o que é extremamente prejudicial para o nosso sucesso. Porém, ele tem informações indispensáveis que muito nos ajudarão – respondeu Henrique.

– Maurício – interferiu Fernando – por que não? Penso que numa operação dessa jamais poderemos dispensar todo e qualquer auxílio possível. Uma vez que Tobias já passou por essa experiência algumas vezes, é fato que nos será muito útil já que conhece as melhores rotas de fuga. Com certeza, deve conhecer, e muito bem, toda a redondeza que contorna a propriedade.

– Sim, já pensei nisso, mas ocorre que ele hoje está acomodado e sabe que uma fuga fracassada trará consequências nada boas para os que ficam.

– Quanto a isso, Maurício, – atalhou Henrique – fique seguro de que Tobias não é covarde. Trabalhamos juntos há um bom tempo, e conheço bem esse companheiro. Pode não concordar em ajudar, mas tenha certeza de que não é um delator.

– Tudo bem, então prossiga com suas investigações a respeito dele, e, já que vocês acham válido, podem convidá-lo a vir com a gente.

– Isso não acredito que fará. Já apanhou demais nas outras fugas. Traz marcas por todo o corpo de cada vez que fugiu e, segundo ele, já desistiu porque afirma que, na idade em que se encontra, não aguentaria metade dos castigos que recebeu em cada fuga.

Enquanto falava, Henrique recebeu um sinal de Fernando para calar-se.

Fernando colocou o indicador sobre a boca e sutilmente mostrou lá fora da senzala um indivíduo que fazia a ronda. Rapidamente todos se deitaram no solo e silenciaram-se totalmente.

O vigilante que fazia a ronda procedia de forma muito relaxada, pois ali quase sempre era o mesmo quadro. Nada acontecia de diferente, o que fazia que agisse maquinalmente. Na rotina do dia a dia, os escravos, exaustos, completamente esgotados pelo dia de trabalho longo e desumano, mal deixavam o corpo cair em qualquer coisa que servia de leito e dormiam de imediato.

Assim, tão rapidamente quanto chegou, o vigia se afastou do lugar.

O grupo se recompôs e continuou o debate:

– Precisamos do maior número possível de informações quanto ao que nos espera lá fora – disse Fernando retomando a palavra. – Maurício é nosso líder e conhece bem as pessoas, mas não conseguiremos nossos objetivos caso não sejamos totalmente unidos.

O líder se sentiu feliz e agradecido pelo modo como o novo companheiro falava. Ficava claro que a ele,

Maurício, cabia a missão de comando. De certa forma, isso vinha até para tranquilizá-lo, uma vez que o novo membro era bem esclarecido e experiente e, num primeiro momento, parecia chamar para si a tarefa de liderar.

Percebendo isso, Fernando procurou agir daquela forma ao falar, assim fortalecia o grupo, o que agora era de fundamental importância, pois problemas não faltariam naquela empreitada, e atitudes de melindres ou ciúmes trariam prejuízos a todos.

Administrando a divisão de tarefas, Maurício indicou Henrique para cuidar da estratégia em relação às dificuldades do terreno e, dessa forma, já estava autorizado a desenvolver conversações com Tobias na tentativa de trazê-lo para o grupo ou, na pior das hipóteses, ao menos contar com as instruções do experiente escravo.

Como cabeça do grupo, fato agora bem esclarecido a todos, determinou a Mudo a responsabilidade de providenciar armas, fazendo adaptações do que fosse possível e trabalhando em novas ideias para suprir as dificuldades na falta de armas de fogo.

Pedro seria o responsável para cuidar dos víveres e da água potável, itens indispensáveis para o sucesso do projeto. Teria de ser criativo para não faltar nada e, ao mesmo tempo, ser cuidadoso para não levar peso excessivo.

Para um primeiro encontro, concluíram como satisfatório.

As cartas estavam colocadas na mesa.

O jogo estava começando.

Maurício, que já trocava constantes olhares com Maria Auxiliadora e via com crescente alegria a evolução nas conversas com ela, chegou até a pensar em levá-la na fuga, mas, por medida de precaução, evitou tocar no assunto com ela.

Ainda não tinha certeza do que ia naquele coração tão rebelde da moça.

Além do mais, não era habitual levar mulheres num empreendimento daquele porte. Melhor aguardar e ir com cautela.

Maurício determinou que cada um procurasse seu local de repouso com os devidos cuidados para não despertar a menor suspeita.

Um novo dia logo estaria despontando no horizonte.

Apesar de saberem que seria mais um dia de trabalho duro e de se sentirem exaustos, estavam felizes pelo primeiro passo em busca do sonho de liberdade.

Maurício tinha o cérebro em turbulência.

Inquieto, pensava ao mesmo tempo na fuga, em Maria Auxiliadora, nas lutas, no trabalho pesado. Era muita coisa para relaxar e logo adormecer. O sono tranquilo nessas alturas estava muito distante.

CAPÍTULO VI

TOBIAS

FILHO DA TERRA em que vivia, vindo da notável Vila Rica, onde deixara os pais havia muitos anos, Tobias era um negro forte e dos melhores no árduo trabalho que aquela fazenda impunha.

Calejado em termos de fuga, já perdeu a conta de quantas vezes conseguira fugir. Sabia o que era uma experiência dessa natureza.

Tão forte quanto aquele corpo era o seu caráter.

Sonho de liberdade: essa era a única coisa que norteara seus passos desde que deixara os pais na ainda capital da província das Minas Gerais. Incapaz de fazer mal a uma formiga, teve muitas decepções nas vezes em que conseguira se unir aos irmãos dos quilombos. Vira que a maldade e a vaidade humana eram as mesmas em todos os lugares, independentemente da cor da pele.

Agora acomodou-se de fato a respeito das tentativas de fuga.

Sofrera tanto, principalmente nas mãos dos capitães-do--mato, que Pombal para ele, apesar de ser um inferno, não era pior que tudo aquilo que vira noutros lugares.

Henrique, o bom companheiro das últimas jornadas na fazenda, chegava cedo para um novo dia de muito trabalho e, juntos, nos cuidados do cafezal ou na cana-de-açúcar eram imbatíveis.

– Companheiro – puxou conversa o que chegava – me conta uma coisa: toparia participar de mais uma fuga em sua vida?

– Mas nem Nosso Senhor Jesus Cristo me convenceria dessa ideia. Já sofri demais com isso e, vê, continuo aqui!

– Mas agora você tem um bom motivo: nosso grupo é forte.

– Todos são. Para idealizar, para planejar. Nessa parte todos são sabidos. Mas quando se veem lá fora...

– Você não acredita então que conseguiremos?

– Henrique, até podem conseguir. Muitos conseguem. O que o move? A liberdade? Bonita, mas tem um preço caro! Está disposto a matar?

– Não me preocupo com isso. Só quero viver em paz.

– Então esqueça. Fique na nossa por aqui mesmo.

– Que é isso, amigo? Nem parece o Tobias de quem todo mundo fala. O maior fujão! – disse, rindo.

– Pois é, por isso posso falar com conhecimento. Eu sempre sonhei com isso que você diz: Paz! Uma vida normal, uma mulher, filhos, um trabalho justo, mas você sairá daqui para outra guerra.
– Que guerra, Tobias? Está louco?
– Pense, terá de matar capitão-do-mato se quiser sobreviver. Conseguindo isso, digamos que alcance um quilombo. Lá terá de atuar como um feitor de escravos, de outros negros. Caso não aceite isso, será transformado em escravo. Pior ainda: escravo de ex-escravos. Se está buscando uma vida digna, pense que ainda poderão transformá-lo num salteador, que viverá por aí a atacar caravanas e matar pobres seres indefesos.
– Ah, Tobias, também não é assim!
– Rapaz, veja minha idade. Tenho 40 anos, vividos com muita intensidade. Foram tantas fugas e numa delas alcancei um quilombo de um tal Ambrósio[1]. Fomos escolhidos para abordar uma caravana e, assim que atacamos e fizemos prisioneiros, a ordem era matar a todos. Me deram um facão com o qual eu deveria degolar um pobre coitado, que implorava clemência. Não consegui. Como matar uma pessoa que não me fez nada?
– Era um dos nossos? – Henrique perguntou.
– Como dos nossos? Para viver, você precisa ter um lado? Eu me recusei a praticar um assassinato! Só por isso

---

1. Nota do autor espiritual – Tobias não se refere aqui ao famoso Quilombo do Ambrósio, que existiu no século XVIII.

quase que o próprio comandante do grupo de salteadores mandava matar a mim. No retorno ao quilombo, fui castigado pela minha recusa. Como estava sofrendo muitos castigos, na primeira oportunidade fugi daquele lugar e acabei sendo recapturado pelos caçadores de recompensa.
– Pior não foi? Garanto que, sendo recapturado, apanhou mais.
– Nada é pior que tirar a vida de alguém. Apanharia mais de cem vezes se meu corpo aguentasse, mas nunca mataria uma pessoa.
– Então, por que o sonho de ser livre?
– Por que e para que a gente vive? Não é para ser feliz? Adianta deixar de ser escravo dos brancos e tornar-se um assassino? Ou ainda pior: escravo dos próprios irmãos de infortúnio?
– Sei lá... Não espero encontrar isso.
– Entenda que será sempre um homem marcado.
– Conta mais sobre suas experiências nas fugas.

Um dos feitores, vendo os dois conversando, logo se aproximou, e Tobias sinalizou para Henrique calar-se.

Apesar de trabalharem o tempo todo, melhor evitar aborrecimentos. Os feitores não admitiam que os negros conversassem durante o trabalho. Dessa forma, para evitar castigos, os dois se calaram enquanto o vigilante gritava ao se aproximar:
– Vamos logo, seus preguiçosos! Nada de conversa, e tratem de trabalhar!

Por algum tempo permaneceram em silêncio. Pelo menos enquanto o feitor ali se postava. Trabalhavam corretamente, e não era o fato de conversarem que retardaria o que tinham a fazer, mas os dois eram inteligentes o suficiente para não se exporem a contendas com vigilantes.

O argumento dos feitores era sempre o chicote. Vendo os dois produzindo bem mais que outros grupos numerosos, mesmo aquele feitor com inteligência superlimitada via que ali não havia necessidade de sua presença para que o serviço fluísse a contento e logo se afastou.

– Então, Tobias, – disse Henrique voltando ao assunto, mas redobrando a atenção para extrair o máximo do experiente companheiro. – Fale mais de suas escapadas daqui. Como é o terreno nos arredores? Em que direção teremos menos problemas?

– Vê ele ali brilhando? – apontou o sol, que crescia mais e mais no horizonte àquela hora da manhã.

– Sim, claro que vejo.

– Naquela direção devem ir. O sol é livre, e onde ele nasce é o melhor caminho.

– Por quê?

– Onde ele morre – apontou para o poente – descobrirá rapidamente que seu sacrifício foi inútil. Naquela direção encontrará alguns quilombos, mas em grande número trafegam os capitães-do-mato. Estão por toda parte, mas por esse lado muito mais ainda, devido à presença dos quilombos. É a rota predileta desses caçadores de escravos – e, apontando para o norte, prosseguiu: – Nunca tente ir naquela direção. Muitas montanhas, pedras enormes o impedirão de prosseguir. Indo por ali, terá certeza de que em breve estará de volta. De todas as vezes que fugi, por ali foi a pior escolha; e minha fuga, mais fracassada.

– Não há como ir naquela direção – perguntou Henrique, apontando para o norte – e mudar um pouco mais adiante?

– Se existe essa possibilidade, eu não descobri. Dificilmente conseguirá escalar a verdadeira muralha que se estende por todo esse lado da fazenda. Pode até tentar contornar como sugere, mas perderá muito tempo, e os perseguidores em breve estarão no seu encalço. Melhor não correr esse risco.

– E para lá? – Henrique agora sugeria a direção sul.

– Por ali talvez seja a melhor escolha, mas o grande problema é que um bando de escravos se deslocando em direção a local onde vivem muitas pessoas chamará bastante atenção. Há muita gente disposta a ganhar alvíssaras[2]. Uma boa recompensa aumenta a disposição a delações por parte dos moradores.

– Aonde vai dar essa direção?

– Exatamente aonde não sei dizer. Sei que há muitos povoados e várias estradas. Falam que por ali se vai para São Paulo.

---

2. Prêmio que se dá a quem restituir objetos perdidos. À época, grafado com c cedilha, alvíssaras era a recompensa a quem delatasse escravo fugitivo.

– E por que me aconselha a ir na direção de onde o sol nasce? Qual a segurança? Qual o objetivo?
– Em minhas últimas fugas, sempre fui por ali. Naquela direção, estive a um passo de realizar meu sonho de liberdade. Foi por ali que demorei mais tempo para ser recapturado.
– Sabe me dizer se por ali conseguiremos alcançar o mar?
– Não sei. Eu nunca vi o mar. Acredito que esteja muito longe daqui. Penso que por ali se leva à minha terra natal.
– Vila Rica? – perguntou, deslumbrado.
– Sim, minha bela Vila Rica – respondeu traduzindo emoção e saudade na voz.
– Em que o ajudaria voltando para lá?
– Nunca se sabe, mas talvez minha família tenha conseguido a liberdade. Meus pais certamente já morreram, mas eu tinha irmãos. Vai saber... Seria uma esperança – disse triste e pensativo.
– É... – disse o companheiro, cheio de expectativas. – Seus conhecimentos muito nos ajudariam para o sucesso de nossos projetos
– Eu sei, mas daqui não fujo mais! – Tobias concluiu, de forma decisiva.
– É verdade que na sua última fuga, quando aqui chegou de volta, não houve açoites?
– Sim, a mais pura verdade – respondeu naquele sorriso costumeiro de marfim.
– Eu nunca soube de algo assim – comentou, admirado, Henrique.

- Nem eu - respondeu, com uma gostosa gargalhada.
- Mas me conte: por que o pouparam?
- No dizer de nosso antigo senhor, chamado Jerônimo, seria minha última chance.
- Dizem que era ruim que só ele!
- E era mesmo, mas comigo só ralhava nas minhas voltas para cá tão logo me capturavam.
- Dizem que ele o tirou das mãos do feitor na hora do açoite.
- Foi assim mesmo. Chegou gritando: "Parem! Nesse negro ninguém mais bate.". Estranhei aquilo, mas só ouvia.

Tobias prosseguia com a narrativa.

- Negro! - gritou com aquela voz que mais parecia um trovão à qual todos temiam.- Você é ingrato comigo! Quantas vezes tentou fugir daqui? Para quê? Gosta de apanhar?
- E você? - interrompeu Henrique. - O que disse?
- Amigo, negro inteligente não responde ao sinhozinho. Só ouvia. Assim que eu fiquei. Torcendo para aquilo acabar logo.

Tobias prosseguiu narrando, imitando a voz de Jerônimo.

- Negro, se tivesse a décima parte nessa cabeça do que tem de capacidade de trabalho, não faria mais essa besteira de fugir. Apanha dos capitães-do-mato, apanha quando volta. Para que isso, criatura? Vou dar-lhe a última chance. Aprenda! Aproveite! Não será submetido a castigos. Vá para minha lavoura e faça o que sempre fez: trabalhe! Faça isso e ninguém se mete mais com você. Tá me entendendo?

Aí eu teria de responder – disse Tobias. – Só respondi, aliviado: "Sim, senhor!".
– Então, abandonou suas ideias de fuga por esse motivo?
– Claro que não! Deixei porque o meu corpo não era mais o mesmo. Ainda bem que o senhor Jerônimo me poupou. Com a sede que Matias estava e de chicote em punho, certamente me mataria de tanto bater.
– Ele é muito ruim – confirmou Henrique.
– Mas dali para frente nunca mais me tocou. O senhor Jerônimo foi claro: "Solte esse negro e não me faça besteira! Ele vale por dez. Não vá querer destruir o meu patrimônio!". Matias se sentiu humilhado, mas acredito que a raiva dele dobrou para cima de mim. Com a morte do velho, ele já me olhava com a maior sede de vingança.
– E você não tem medo?
– Medo do quê? Trabalho duro, faço minha obrigação. Não há o que temer.
– Nasceu por aqui, mas e seus pais? Vieram de onde?
– Meus pais vieram de Angola. Nação Cabinda.
– Sério? – prosseguiu, feliz e admirado, o companheiro.
– Tem razão de ser essa parada dura para os brancos.
Tobias subiu as sobrancelhas, surpreso, e, com os grandes olhos arregalados em que mais se destacava a parte branca, disse:
– Do que está falando?
– Eu sou da Nação Cabinda, companheiro! – respondeu com orgulho.

Tocaram as mãos num gesto comum de fortalecimento de amizade e seguiram no ritmo do trabalho que nunca terminava, mas felizes pelas histórias. Henrique mais ainda, animado com as informações que muito ajudariam nos projetos de Maurício.

CAPÍTULO VII
A VOLTA DE MATIAS

OS DIAS DE relativa calma na fazenda acabaram. Infelizmente para a comunidade dos trabalhadores, Matias retornou das tarefas que lhe haviam sido confiadas por Paulo. Arrogante e autoritário, o feitor não perdeu tempo e reassumiu o seu posto ainda mais hostil a todos, porque Paulo estava contente com seu trabalho e deixou isso claro tão logo Matias chegou de viagem; assim, o feitor anunciou que os projetos que lhe foram confiados estavam coroados de total sucesso.

Por outro lado, Maurício e Maria Auxiliadora já viviam o romance tão sonhado pelo rapaz. Ela, como sempre, tirando proveito de sua beleza, não estava tão apaixonada quanto ele, mas vislumbrava alguma vantagem nesse relacionamento, como era de seu feitio.

Sinhá Teresa, a mãe de Paulo, recomendou a Matias selecionar entre as escravas que laboravam nos campos da propriedade uma mulher capacitada nos serviços domésticos, pois necessitava de uma auxiliar para Sinhana na cozinha, uma vez que os trabalhos ali aumentavam dia após dia.

O feitor passou a prestar mais atenção às novatas. Precisava agradar à patroa e assim evitar qualquer problema com ela. Não obstante sua preocupação em satisfazer a sinhá, poderia também tirar vantagens pessoais, como era comum em suas atitudes.

– Quem é aquela escrava? – perguntou, surpreso, a Clarindo, um de seus auxiliares.

– Aquela é uma das que chegaram na última turma adquirida pelo patrão, não sabia?

Balançando a cabeça negativamente, Matias ficou deslumbrado com o porte e a beleza da mulata.

"Mas como?" – perguntava a si mentalmente. – "Como não notara uma mulher tão bela assim? Nem parecia uma escrava!"

Evidentemente naquele exato momento começava a arquitetar seus planos.

Seria ela a escolhida.

O dia seguiu normalmente, e ele procurou não descuidar de suas funções; todavia, a moça não saía de seus pensamentos.

Tão forte era aquela atração, que não conseguiu esperar o fim do dia e, pelo meio da tarde, mandou Clarindo chamá-la.

Matias estava ansioso. Aquilo não era mais um de seus caprichos. Impossível entender para um coração embrutecido o que se passava.

A serviçal entrou onde ele a aguardava numa pequena sala à guisa de um gabinete, onde mantinha suas anotações com relação à parte administrativa que lhe cabia.

Sem descer de seu pedestal do forte orgulho, Maria Auxiliadora disse as primeiras palavras:

– Mandou me chamar?

O feitor quase caiu de costas, assombrado tanto pela beleza, agora observando-a de perto, quanto pela forma altiva, como se ela não fosse uma escrava. Afinal, todos ali sequer lhe dirigiam a palavra, num misto de medo e repulsa.

– Mandei, sim – disse secamente, tentando recompor-se do impacto inicial, consciente da necessidade imediata de colocar aquela mulher em seu devido lugar. – De onde você vem? – perguntou com a carantonha que assustava até o patrão em algumas oportunidades.

– Não entendo – disse, com grande calma, de forma dissimulada, e acrescentou: – Você, como feitor, desconhece seus escravos?!

Esse comportamento inesperado, corajoso e de certa forma audacioso por parte de Maria Auxiliadora fez que o sangue subisse à cabeça do feitor. "Que arrogante", pensava, irritado com tanta petulância por parte da moça; entretanto, como era calculista, não queria se impor pela autoridade. Não naquele caso. Resolveu deixar a interlocutora falar mais.

– Qual é seu nome? – perguntou, agora recobrando a calma.

– Maria Auxiliadora – respondeu ela, com olhar perdido e mantendo a pose.

Esse comportamento, inabitual entre os escravos, mais intrigava Matias, e o que ele nem percebia: ia despertando nele mais ainda o desejo e aumentando aquele sentimento que seu espírito ainda desconhecia, o amor.

– Maria Auxiliadora – retrucou demonstrando autoridade – eu preciso de uma pessoa para um trabalho muito especial na casa grande. Alguém de confiança – jamais imaginaria que isso é o que ela nunca seria – pois estará diretamente ligada à sinhá. Entre tantas mulheres que posso escolher, você me chamou a atenção pela idade ainda jovem – disse disfarçando claramente – e por ser, acredito eu, capacitada para os trabalhos na cozinha.

Essas palavras, ditas com calma quando ela esperava outra reação, pois já conhecia a fama do feitor, de certa forma desarmou a escrava. Observando com atenção, viu que o moço era bonito. Por detrás daquele ser tão bruto, certamente bateria um coração necessitado de carinho. Assim, sendo mais prestativa, poderia despertar a sensibilidade daquele homem e tirar muitas vantagens.

– Tenho, sim, os melhores conhecimentos nessa atividade – disse mentindo. – De onde venho, só trabalhei na cozinha.

Satisfeito, Matias não conseguia disfarçar seu contentamento.

Poderia, como era seu modo de agir, pura e simplesmente ordenar à moça o que fazer e mesmo dessa forma também conseguir seus intentos na conquista sonhada, fazendo-o de forma forçada. No entanto, pensava diferente dessa vez. Aquela mulher teria de ser dele de boa vontade para satisfazer seu ego tão elevado. Nunca tinha aparecido alguma outra como ela.

Sorriu para a moça e disse convencido, completando:

– Eu sabia que você seria a pessoa certa. Eu nunca me engano! Porém, quero deixar bem claro que aqui temos uma disciplina rígida nas tarefas e, sendo assim, aconselho você a manter um comportamento amistoso a fim de que não lhe sucedam dias de muito sofrimento. Vou protegê-la, mas tenha mais consciência da sua condição de escrava.

Essas palavras, agora mais duras, tocaram a moral da cativa em dois aspectos.

Primeiro, reconhecia seu comportamento arrogante e procuraria ser mais dócil até porque os trabalhos na lavoura eram muito pesados, muito árduos, o que em pouco tempo acabaria com sua beleza.

Em segundo lugar, esperta que era, percebeu que o feitor, assim como a maioria dos homens, estava seduzido por ela.

Duas situações opostas, mas necessária era uma administração extremamente hábil.

A partir de então, ela poderia conquistar o paraíso, mas o inferno estava ali do lado. Um passo errado, uma palavra inconveniente, e colocaria tudo a perder como ocorrera na fazenda anterior.

Tinha consciência de que aquele comportamento altivo era sua marca registrada, mas até onde poderia tirar proveito disso? Não poderia abrir mão daquilo que sabia e dominava tão bem, que era seu orgulho, quase nunca presente nos escravos, que eram dominados pelo medo, principalmente as mulheres.

Além disso, havia um limite. A linha que separava esse limite era muito tênue, o que exigiria enorme bom-senso para dosar o uso de suas armas poderosas.

Importa considerar que o primeiro contato entre aquelas duas almas nada mais era que um reencontro de tantas vidas passadas em aventuras e desventuras, pelo desejo sem limites a que se envolveram. Diante de tudo isso, até que tudo transcorreu de forma calma.

Inéditos e calculados capítulos marcariam novamente agora nesta existência a vida dos dois seres ainda presos ao velho orgulho, à busca de vantagens pessoais em tudo aquilo em que se envolviam, escravos que eram do acentuado egoísmo.

Maurício, logo que soube da notícia, tomou-a como uma bomba em seus projetos. O ódio que nutria pelo feitor crescia exponencialmente. Agora fugiria dali mais do que nunca, pensava. E nessa ação levaria consigo Maria Auxiliadora. Incluía ainda em seus planos matar aquele maldito feitor.

Tanto remoía seus pensamentos, que no futuro lhe viria à mente a possibilidade de Maria, estando na sede da fazenda, ser útil em seus projetos de fuga.

Ainda não lhe confiara seus planos.

Com o cérebro em ebulição, sabia que agora veria menos sua eleita. A revolta não lhe permitia ainda pensar como poderia utilizar a namorada na trama. Tudo com o tempo mostra os dois lados da experiência. Maurício logo descobriria isso.

Na manhã seguinte, Maria Auxiliadora se apresentava na casa grande e foi recebida por Sinhana.

Sinhana era uma das escravas mais antigas ali. Leal e trabalhadora, recebia Maria de braços abertos. Aquilo muito alegrou a nova auxiliar já que quase nunca era bem-vista entre as mulheres.

Contava agora com duas protetoras em tão pouco tempo naquela fazenda: Ana e Sinhana.

Sinhana, de forma pacienciosa, ia explicando a Maria cada novo dever e a acolheu com muito carinho, amenizando um pouco a ausência que Maria sentia da amiga Ana, que a recebera como filha.

Não seria exagero dizer que sentia mais a falta da amiga do que propriamente do namorado. Não que não gostasse de Maurício. Ocorre que naquela busca desenfreada de novos rumos, naquela ambição de tentar vida melhor, via em Matias novas perspectivas. Seu coração já caminhava para uma divisão entre dois amores.

Para quem saíra da última propriedade em que era cativa quase que às pressas, com riscos altos de acabar no tronco, ela fez uma boa troca, até mesmo uma excelente mudança.

Era primordial cuidar para não reincidir em novos erros. Não poderia ser enganada por si mesma, sentindo-se a dona da situação. Era uma escrava ladina. Isso a tornava diferenciada. Sabia como ninguém seduzir um homem.

Para ir em busca de seus objetivos, tinha a proteção de duas escravas experientes.

Contava conquistar de vez, em pouco tempo, as graças do feitor. Tinha consciência de que ele praticamente estava a seus pés.

No entanto, isso era uma faca de dois gumes.

Do mesmo jeito que o dominaria em razão de sua possível paixão por ela, se não fizesse tudo muito certinho, ele poderia jogá-la na lama. Ele tinha poder para isso.

Era seguir cautelosamente no fio da navalha. Um deslize...

E ainda havia Maurício. Manipuladora contumaz, caminhava num campo minado. Gostava daquilo. Pensando bem, era nessas situações que conseguia se fortalecer mais e mais.

Mas como o ser eterno vai evoluindo com as sucessivas existências, ela já adquirira uma certa dose de prudência. O passado recente lhe ensinara isso.

Nessas quase três décadas vividas, os sofrimentos marcaram precocemente sua ambiciosa e volúvel alma.

CAPÍTULO VIII
JOGANDO COM AS VIDAS

MARIA RAPIDAMENTE SE ambientou na cozinha, graças ao apoio de Sinhana. A velha escrava era uma cria da casa como se referiam à época às crianças nascidas e criadas no cativeiro, principalmente na casa grande. Fora praticamente adotada pela mãe de André e acabara sucedendo àquela pessoa tão estimada nos afazeres domésticos, herdando o mesmo estilo, a mesma bondade de alma.

Apesar de sua doçura, Sinhana era bem rígida quanto ao cumprimento dos deveres. Exigia respeito e dedicação em seu pequeno território. Assim, poucas pessoas tinham a liberdade de transitar por ali com a sua aprovação. Nisso era totalmente apoiada pela matrona, dona Teresa.

Dessa maneira, a exemplo de André, era uma das pessoas contra a qual Matias nada podia fazer, o que fazia dela uma desafeta do feitor.

Diferentemente de André, esse sentimento era recíproco por parte dela em relação ao feitor.

Em razão disso, as primeiras incursões de Matias na conquista da nova escrava foram de pronto repelidas por Sinhana. Ela foi clara como era de seu feitio com a auxiliar:
– Não quero esse mutreco por aqui!
– Não trarei esse problema para você – respondeu, sem ressentimentos, a interpelada.
– Se quer se meter com esse traste, que o faça bem longe de minha cozinha. Nada tenho contra suas escolhas, mas deixo claro que aqui ele não entra a não ser acompanhado pelos patrões. Você sabe que envolvimentos com gente dessa laia sempre dá em prejuízos.

Suas palavras duras espantaram a auxiliar, que nunca tinha ouvido nada assim por parte de Sinhana, mas demonstravam preocupação da velha escrava com o futuro da moça na fazenda.

Maria agradeceu e compreendeu o recado, até porque gostava muito de Sinhana e se sentia bem na nova função. Não contestou em nada as advertências recebidas, mas no íntimo sabia que se envolveria com Matias. Fazia parte de seus desejos e via nisso tudo amplas possibilidades de lucros em vários aspectos.

A princípio, tão logo o dia ia se encerrando e obtinha a dispensa das obrigações por parte de Sinhana, apesar dos insistentes convites da velha escrava para que passasse a residir num dos cômodos da casa grande com ela, Maria voltava a dormir na senzala por dois motivos:

Primeiro, pelo apego a Ana e pela amizade a essa nova amiga, com quem se sentia em casa. E, depois, para estar ao lado de Maurício, visto que o romance crescia cada vez mais. Ele estava apaixonado, com o coração entregue à amada. Ela tinha nele todos os desejos satisfeitos, mas não estava exatamente apaixonada. Logicamente pela sua vaidade feminina, para elevar mais ainda seu ego, não abria mão da presença daquele que era um sonho da maioria das escravas daquela fazenda.

No entanto, com os constantes assédios de Matias, logo teve de alterar sua rotina.

Não aceitava o convite de Sinhana por não querer ter mais alguém controlando seus passos.

Vencida pelo cerco promovido por parte do feitor, acabou por ceder e em pouco tempo justificava a Ana e ao namorado que não retornaria mais todos os dias em razão dos compromissos cada vez maiores na cozinha.

Doravante, afirmou aos dois, passaria a vir três vezes por semana pernoitar na senzala.

O envolvimento com o feitor ia ficando cada vez mais forte. Dormia no quarto dele em local mais afastado da casa grande.

Não mencionou nada a quem quer que fosse a respeito de onde dormia e até saía do serviço um pouco mais tarde para não despertar suspeitas. Assim, Sinhana imaginava que a rotina dela continuava a de sempre.

Todavia, num local como aquele, pequeno e com vigias que transitavam à noite por toda a propriedade, não seria por um longo tempo que a moça teria o seu segredo preservado.

– Eu acho que você deveria se afastar de vez da senzala e definitivamente se fixar por aqui – declarou Matias, que sabia de tudo e vivia claramente movido por ciúmes e receio de perdê-la; assim, forçava a jovem a assumir o romance entre ambos.

– Você sabe que eu não posso. Essa foi claramente uma das condições que impus. Tenho minhas ligações com meu povo e não posso abandoná-lo por agora.

– Ah, sim, ironizou o feitor. Não consegue ficar longe do seu escravo? Não tem tudo aqui comigo?

– Não se trata disso! Por que abandonaria de vez meus amigos? Não sei o dia de amanhã! Quem me garante que um dia ou outro eu deva voltar para lá? Não sou dona do meu nariz, você se esquece disso?

– Você sabe que isso não irá acontecer. Primeiro, porque eu protejo você e, se quiser, até peço ao patrão uma casa para você morar comigo.

– Nada disso! Com essa sua proposta, não deixo minha condição de escrava. Sem liberdade, de que adianta?

– Claro que continua escrava. Por mais que eu queira livrá-la, eu não posso fazer isso. Quando muito, precisaria guardar dinheiro para comprar sua liberdade, mas isso demanda um longo prazo.

– Não, não! Quando eu estiver velha e acabada, de que adianta? Melhor ficar nesta vida e, já envelhecida, assumir o lugar de Sinhana – disse com sarcasmo. – Se ao menos fosse de imediato, até pensaria com carinho.

Matias coçou a barba, preocupado.

Normalmente quase tudo seguia dentro de seus propósitos. Respeitava, e muito, o patrão, mas em muitas ocasiões até a ele conseguia manipular; todavia, naquele momento estava debaixo da sola do sapato de três mulheres, por mais incrível que parecesse.

Maria Auxiliadora era a paixão selvagem, mas o feitor sabia que, ao menor descuido, ela debandaria dali. E o suposto grande trunfo de que era ele quem a protegia acabou caindo por terra com a interferência da segunda pessoa que era um entrave permanente em sua vida. Sinhana tinha a moça como sua pupila, e era melhor nem se indispor com a negra, que era uma pessoa muito estimada por dona Teresa – esta, a terceira mulher com quem ele nem pensava em criar complicações.

Assim, o argumento mais poderoso se esvaía, e a esperta Maria Auxiliadora sabia disso. Teria de encontrar uma saída urgente para segurar a amante.

Por enquanto, restava a ele se contentar com a presença de Maria Auxiliadora em seu quarto três ou quatro vezes por semana trazendo vida às suas noites, mas o sonho dele era muito maior.

Em relação ao rival no amor da escrava, até evitava qualquer contato. Ele, Maurício nada sabia. Assim, Matias mantinha a calma. Para que criar problemas?

Poderia até criar alguma situação e incriminar o rival afastando-o de vez de seu caminho, mas ao mesmo tempo pensava: era algo arriscado piorar as coisas. Como o rapaz cumpria suas obrigações a contento, melhor deixar tudo como estava e aguardar. Aprendera em suas constantes lutas pela vida que a paciência era uma virtude fundamental nas grandes vitórias.

Mais dia menos dia, a escrava aceitaria sua proposta. E, assim, Maria Auxiliadora levava aquela vida dupla, iludindo e controlando os dois pretendentes.

Sinhana, que não era ingênua, percebera o jogo da garota, mas, como esta se portava de forma correta nos trabalhos, não causando o menor problema, optou por não interferir.

Entendia que, na flor da mocidade, era até natural aquilo.

Não sabia dos detalhes em relação à vida dela na senzala, até porque Maria somente se referia a Ana como sua grande amiga. Porém, no tocante ao envolvimento da auxiliar com Matias, quase toda a fazenda sabia com o passar do tempo, como não poderia ser diferente.

Dessa forma, Sinhana via que a menina brincava com fogo, mas percebera sua personalidade forte e tinha em mente o seguinte: "Ela não é uma criança. Não me causando aborrecimentos no trabalho, nada posso nem devo fazer.".

Com o tempo, como os boatos chegaram até a senzala, a amiga Ana aconselhou Maria Auxiliadora:

– Evite problema e abra o jogo com Maurício.

– Calma, Ana – respondeu com segurança. – Tudo no tempo certo. Já tenho novos planos, e nada foge de meu controle.

E tinha mesmo. Passados alguns dias, relatou a um Maurício revoltado que fora abusada por Matias, que a ameaçou de, caso ela não se submetesse aos seus desejos, perseguir seu namorado e, pior ainda: não hesitaria em criar situações em que colocaria não só ele, Maurício, mas também seus amigos da senzala sob açoites constantes.

Fizera tudo aquilo por ele, aliás, fazia, mas tinha um plano para eliminar o feitor.

Essa última parte acalmou o escravo e lhe interessou profundamente.

Não obstante o momento de extrema ira pelo feitor, que aumentava em progressão geométrica, Maurício via na última afirmativa de Maria a grande chance de combinar a fuga com a morte daquele ser abjeto.

Veneno! A ideia brotou na mente do escravo de imediato. E Maria Auxiliadora, com sua esperteza e constantes mentiras, acabava de criar uma situação que a colocaria numa encruzilhada.

Claro que ela jamais havia pensado em eliminar Matias. Nunca! Era uma paixão alucinada, mas não tivera o devido cuidado naquilo que disse.

O feitiço poderia virar contra o feiticeiro.

Maurício, agora influenciado por um grupo de espíritos que haviam desencarnado em extremos atos de violência e continuavam revoltados, parecia um zumbi imaginando como praticar o homicídio.

Seria o meio mais rápido e infalível de se livrar daquele obstáculo.

A comunidade escrava exultaria de contentamento.

Entrando facilmente no jogo da manipuladora, Maurício revelou à namorada seu plano de fuga. Contou-lhe tudo e revelou que planejava levá-la.

CAPÍTULO IX

VENENO ATÉ NAS PLANTAS

– FAUSTINO, PRECISO da sua ajuda!

Cautelosa e humildemente, Maurício procurou o amigo de muitos anos em busca de apoio.

– Claro, companheiro, o que precisar e estiver ao meu alcance.

Faustino era o vaqueiro principal da fazenda. De origem banta, como Maurício, com a diferença de que havia nascido no Brasil. Era um homem de total confiança de Paulo, pois cuidava do gado e era tão próximo do senhor da propriedade que quase nem era tratado como escravo. Sua ligação direta com o patrão, praticamente fazia que nem houvesse intermediários entre ambos e assim se falavam diariamente, uma vez que Paulo tinha pelo seu rebanho tanto amor e carinho, que as pessoas até brincavam que ele gostava mais das vacas e bois do que da própria família.

– Amigo, – Maurício iniciava a conversa, todo cuidadoso a fim de que ninguém os ouvisse – você, que está sempre à frente no trato com o gado, conhece as plantas que envenenam e matam os pobres bichos?
– E como! – respondeu, consciente. – Aqui as que mais encontramos são aquelas ramas amarelas; mas onde eu trabalhava antes, em São João del-Rei, era bem mais comum a tal cafezinho. Era o gado encontrar as tais nos pastos, e comeu/morreu.
– Vejo que conhece tudo do assunto. Diga-me: uma planta dessa pode matar um ser humano?
– Que é isso, companheiro?! Claro que pode, isto é, eu acredito, pois, se ela mata um gigante de mais de trinta arrobas, por que não mataria um ser como nós? Mas fique tranquilo: ninguém vai sair por aí comendo essa coisa venenosa.
– Não é isso. Preciso preparar uma beberagem com essa planta para uma pessoa. Acha possível?
– Credo em cruz! – Faustino respondeu, assustadíssimo. Apesar de conhecer bem as ideias rebeldes do amigo, com as quais não compartilhava, concluiu com indignação: – Quer que eu o ajude a matar um ser humano?
– Não é isso. Só preciso de sua ajuda para...
– Esqueça! – disse de forma áspera, interrompendo Maurício. – Nunca eu faria tal coisa. Nem parece que me conhece! Imagine só, se eu cuido das minhas vacas e meus bois para que não encontrem a morte nos pastos, iria ser comparsa na morte de um ser humano?!

– Mas nem me deixou terminar. Nem sabe de quem se trata.
– Seja lá quem for! Por Nosso Senhor Jesus Cristo! Você sabe que sou religioso e ademais tenho a confiança do patrão, que é um homem tão bom!
– Faustino – interrompeu calmamente o interlocutor, – não se preocupe com relação à sua pessoa. Estou pedindo somente que me ajude a localizar tais plantas. Todo o trabalho será feito por mim. Conhece minhas ideias. Confio em você como em ninguém mais. Há quantos anos estamos juntos? Tem a certeza de que não irei lhe complicar em nada.
– E, mesmo assim, contribuir para a morte de uma pessoa? Negativo! Isso jamais farei! Por mais consideração tenha eu por você, pode pedir o que quiser, mas isso nunca!
– Veja, amigo, vou livrar todos da maldade e perseguição desse feitor maldito. Não é possível que tenha por ele algum tiquinho de consideração. Quantos irmãos nossos morreram pelos açoites exagerados que ele lhes impôs? Não acha que está sendo aliado dele? Preserva a vida de um assassino? Pode ter certeza de que está sendo omisso.
– Sei não... Ele é de fato cruel...
Os fortes argumentos de Maurício agora atingiam pesadamente a consciência de Faustino. Refletiu que Matias era realmente um terror para a população escrava. Quantos amigos morreram em consequência dos castigos exagerados dele? Nas situações em que eram determinadas

20 ou 30 chicotadas, ele aumentava a quantidade por conta própria. Paulo desconhecia isso, e Faustino até pensara em lhe falar a respeito, mas certamente o patrão tomaria aquilo como petulância da parte do escravo. Melhor não se meter, afinal era um escravo embora nem parecesse. Matias não se metia com ele. Sabia da estima que Paulo tinha pelo negro. Todos, sem exceção, admiravam a capacidade de Faustino. Antes da chegada dele à Fazenda Pombal, o que morria de bovinos em razão das plantas venenosas era uma loucura.

Paulo tinha um primo que também era proprietário bem-sucedido e a quem recorria sempre que algo lhe apertava. Esse primo era do Arraial de Pouso Alegre. Pereira, era assim que todos o chamavam, orientou Paulo no sentido de solucionar de vez o problema das perdas. Muito respeitado na criação de gado, comentou a respeito de um negro muito competente que ele encontrara em São João del Rei, mas advertiu que seria muito difícil conseguir o concurso dele. Poderia até tentar como disse a Paulo, pois era amigo muito próximo do dono da fazenda onde Faustino era cativo. No desespero por tantas perdas e arcando com prejuízos insuportáveis, implorou ao primo que negociasse com o amigo e, se o escravo era tão bom assim, que fizesse uma oferta mesmo que tivesse que pagar o valor multiplicado por três. Quem sabe assim conseguiria?

O proprietário, claro, aceitou. Era negociante nato, e ali na sua fazenda o que falava mais alto era sempre o dinheiro.

Jogador inveterado, tudo para ele representava cifras. Os réis³ ganhos eram tudo quanto lhe interessava. Dessa forma, não foi nada difícil tirar Faustino dali. Para a felicidade de Paulo, seus problemas acabaram em relação aos óbitos elevados e frequentes no rebanho.

Faustino, de imediato, se encantou com o patrão. Tinham muitas afinidades, mas a maior de todas era o amor pelos animais. Chegando à fazenda, já aboliu o uso do ferrão⁴ com o total apoio de Paulo. Fez também um excelente trabalho isolando o ponto das pastagens onde cresciam os vegetais assassinos.

Voltando à conversa dos dois amigos, encontramos um Maurício convincente e feliz.

– Então? Compreende minha atitude? Você sabe que pretendo fugir...

– Nem me fale disso – interrompeu novamente o amigo – vejo, sim, suas razões para tal e até admiro sua coragem, mas tenho uma situação boa aqui, com a consideração por parte de meu sinhozinho. Não quero me envolver em nada que possa prejudicá-lo.

– Eu sei disso e até nunca lhe convidei porque, em seu lugar, eu talvez fizesse o mesmo, mas quanto ao maldito não vai prejudicar em nada nosso patrão. Será um favor que faremos a ele.

---

3. O real foi a moeda utilizada no Brasil desde a colonização até 1942. Utilizava-se o plural da moeda com a palavra réis.
4. Vara com uma haste de ferro pontiaguda utilizada para espetar os bois quando estavam presos ao carro de boi.

– Olhe – disse o vaqueiro decidido – vou lhe explicar onde achará as plantas, – Maurício sorriu satisfeito – mas fique bem claro que o ato é todo seu. Não vai pesar em nada na minha consciência.

– Claro! – com ar vitorioso, o interlocutor comemorava.

– Prometo não lhe incomodar mais em nada e até evitarei conversar mais com você nos próximos dias. Assim ninguém desconfiará de nada.

Concluíram a conversa, e Maurício partiu feliz. Sabia que conseguiria seus intentos.

Passaram-se alguns meses, e o projeto de fuga ganhou um aliado muito grande.

Um dos subordinados de Matias desentendeu-se com ele e foi duramente castigado. Não no tronco, claro, pois não se tratava de açoites, uma vez que o rapaz não era escravo. Auxiliava na administração e, por razões que não chegaram a ser esclarecidas de fato, Ubaldo, o auxiliar, foi terrivelmente surrado pelo feitor numa briga entre ambos.

Corria de boca em boca que a surra tinha acontecido por motivo de envolvimento em jogos em que o auxiliar foi acusado de trapaças. Outros, porém, afirmavam que tudo havia ocorrido por desentendimento quanto aos trabalhos na fazenda.

Mais tarde, a versão da surra mais aceita, ao que parece, teria sido a que atribuiu o ocorrido aos ciúmes do feitor em relação a Maria Auxiliadora. Ubaldo, ainda novo na propriedade, dirigira à moça gracejos, que, para sua

infelicidade, caíram no ouvido do feitor, causando a ira de Matias. Tinha de dividir a mulher com um escravo, o que contava ser por pouco tempo, agora surgia um moleque daquele com tamanho abuso.
Matias era forte e muito destemido. Humilhou o infeliz do Ubaldo, batendo sem dó no moço, e isso na frente de todos.
O rapaz, no seu íntimo, jurou vingança. Não poderia fazê-lo pela frente, mas encontraria um meio de se vingar.
Era de natureza covarde e, por isso mesmo, sua estratégia era daquelas que quase sempre triunfam por ser feita na traição.
Seu plano logo encontrou aliado por se casar perfeitamente com alguém que trabalhava no mesmo ideal.
Pensou alto perto do escravo Mudo. Matias ia passando e gritou para Ubaldo:
– Você aí, se mexa, vagabundo! Vá ver aqueles escravos enrolando naquele corte de cana! Não tem coragem não, homem? Vá lá agora e ponha ordem naquilo!
Ubaldo saiu boquejando, mas de forma inaudível para o feitor, pois não tinha peito para responder a ele. Ia resmungando: "Um dia, ainda te mato, desgraçado!".
Mudo tinha dificuldades de falar, mas ouvia longe e sabia da história que motivava a revolta de Ubaldo.
Então, Mudo contou o ocorrido aos parceiros da equipe da fuga e tanto Maurício quanto Fernando entenderam rapidamente que Ubaldo seria útil.

Dali até a aproximação com o rapaz foi questão de poucos dias.

Assim, pelo acesso que Ubaldo tinha em relação a tudo que precisavam, tramaram conseguir até as armas necessárias para o sucesso do projeto.

As espingardas da vigilância ele se comprometeu a arrumar desde que conseguissem matar o feitor.

Para Ubaldo pouco importava quem faria o serviço. Claro que ele nem queria estar por perto; diferentemente de Maurício, que sonhava em matar o rival com as próprias mãos, mas que tinha sido orientado pelos companheiros a usar Maria Auxiliadora no envenenamento. Os companheiros argumentavam que seria fácil, prático e nem deixaria suspeitas. Mas Maurício era um bravo. Queria sentir o gosto da vingança executada pelos seus próprios punhos.

Bem diferente de Ubaldo, que era falso, covarde e tramava tudo às escondidas.

Agora, com esse apoio, por meio da traição de Ubaldo, tudo se tornava mais fácil para o grupo que buscava a liberdade.

Fernando e sua equipe mais próxima contavam ir na direção oeste à procura de algum quilombo.

Henrique e Pedro, seguindo o conselho de Tobias, iriam na direção leste, um pouco mais para sudeste, esperando chegar até Vila Rica; depois, quem sabe, o mar...

Maurício pretendia fugir com Maria Auxiliadora na direção Sul ou sudoeste. Iria para São Paulo. Muitas ideias, sonhos, planos; agora, com a ajuda de um componente da direção da fazenda, tudo seria facilitado. Além das armas, ele poderia conseguir cavalos.

Tudo ia muito bem, mas foram advertidos por Tobias, do alto de sua experiência, que se tornara uma espécie de consultor para o grupo. Ele comentou:

– Cuidado com traidores – aconselhou se referindo a Ubaldo. – Quem trai uma vez trai sempre! Abram os olhos, pois antes só com todas as dificuldades, que contar com a ajuda de um covarde.

– Se ele ou qualquer um de nós cometer esse tipo de coisa, será a última ação que fará na vida, isso eu garanto – disse Maurício, decidido. – Quem cometer traição não sairá vivo.

– A traição em si não lhe dá essa oportunidade, Maurício, – avaliou com autoridade o experiente fugitivo. – Quem trai não lhe deixa tempo nem chances para reagir como Ubaldo está fazendo com os seus companheiros. Por isso, muito cuidado! – concluiu Tobias.

CAPÍTULO X
PRIMAVERA IRREQUIETA

NOVEMBRO CHEGAVA E com ele aumentava mais e mais a ansiedade de Maurício. Por ele, o grupo já teria desaparecido naquelas matas quase virgens, mas era sempre voto vencido em suas ideias imediatistas. Fernando era bem mais estratégico e media meticulosamente cada risco. Traçava os projetos observando cada detalhe. Tobias foi para ele um mestre quando, entre tantos conselhos, advertira: "Nem pensem numa fuga desse porte, pode resultar em fracasso. Pela quantidade de gente envolvida, se vocês fracassarem, os líderes – podem ter certeza – serão executados.".

O principal argumento de Maurício não deixava de ser algo racional. No dizer dele, estava havendo muita conversa e pouca ação. Alegava que já tinham o apoio de Ubaldo no que mais precisavam, que eram as armas e os cavalos. Esperar mais o quê? Imaginem se alguém, ainda que por descuido, deixasse escapar uma conversa comprometedora?

Alto risco, colocando tudo a perder e ainda levando todos ao tronco. Sofreriam os açoites, e o que era ainda mais complicado: comprometeriam uma ação futura. Fernando e os demais mantinham toda a frieza, evitando precipitações. No entanto, o líder do movimento achava que tudo ia ficando muito temerário e já se mostrava arrependido de ter buscado o apoio de tanta gente. Na sua mente passava a ideia de que sozinho já estaria longe e levando sua amada. Aliás, ela, Maria Auxiliadora, era outro ponto de discórdia no grupo. Maurício evitava o quanto possível envolvê-la em qualquer ação, mas para todos ela seria o ponto-chave no sucesso da trama. Sendo bem-sucedida a sua participação, Matias estaria eliminado, e sem precisar disparar um só tiro. Unanimemente pediam a participação dela numa próxima reunião. Isso contrariou muito Maurício, que entendia, e com razão, tratar-se de um fator de alto risco. A reunião em si, sempre na surdina, na calada da noite, já era arriscada, imaginem ainda envolvendo uma mulher. Parece que não entendiam que, numa situação de tanto controle a que estavam expostos, uma população escrava quase sem privacidade nenhuma, não havia razão para demorar tanto em colocar o plano em execução. Por que promover tanto esses ajuntamentos?

    Começaram com cinco pessoas, no que ele julgava ser muito perigoso; agora viera Tobias, muito válido até, mas dali para frente já era brincar com fogo.

– Por mim – salientava Maurício – já pegava essas espingardas e, na calada da noite, a gente saía daqui na bala – dizia a todos naquela reunião, no começo do mês de novembro.

– Pense, companheiro, – mais comedido, Fernando parlamentava – por que fazer tudo dessa forma, chamando a atenção dos seguranças, e em seguida trazendo a polícia para cima da gente? São riscos desnecessários. Temos o elemento surpresa! Tudo está em nossas mãos.

– Então, para que armas? – Maurício questionou.

– Mantém a calma. O apoio de Ubaldo entra exatamente aí. Poderemos precisar dessas armas lá fora. Quanto mais discreta for nossa saída daqui, maiores as possibilidades de sucesso.

– Estamos há meses conversando. É pura perda de tempo. Já temos tudo aquilo de que precisamos – e, irritado, Maurício concluía o argumento: – Chega de tanta teoria!

– João, um dos nossos que irá em meu grupo, – argumentou Fernando – trouxe outra boa ideia. Ele viveu na Corte e disse que próximo do Natal ocorrem as cheganças[5], o que facilita no relaxamento da vigilância.

– Ara, sô! – Maurício, zangado, deu de ombros. – Aqui pro meio do mato não tem dessas coisas, não! Coisa de Corte! Quase não se vê por esses lados.

– Maurício, – interveio Tobias – tem pouco, mas tem, sim, e olha, outro detalhe do Natal que vai facilitar para

---

5. Cheganças: Folguedo popular nas festas do Natal, em que figuram danças e cenas marítimas entre cristãos e mouros.

todos nós: o sinhozinho nessa época viaja com sinhá Teresa levando alguns vigias e escravos, e passa de dois a três dias na fazenda de um parente dele que fica a seis léguas daqui. Eu mesmo já fui com eles. Isso também vai ajudar bastante. O caminho ficará mais livre. Tirando Matias, que já está sendo cuidado, será uma fuga que ninguém irá perceber durante algum tempo. Com isso, o grupo ganha uma enorme vantagem em termos de chão percorrido. Maurício agora ouvia com atenção. Tobias lhe conquistara o respeito. O fujão era bastante ladino. Aquele, sim, sabia das coisas. Pena que não estaria com eles na fuga.

Encerrando, marcaram uma nova reunião para o fim de novembro, na qual deveriam contar com todos os pontos resolvidos. Não poderiam vacilar. E ficou aprovado que nas proximidades do Natal realizariam a fuga.

Os dias avançavam celeremente para uns e vagarosamente para outros naquele período em que as flores já enfeitavam as paisagens da fazenda. Os morros verdes pelas constantes chuvas, a alegria dos pássaros em suas cantigas contrastavam com o ambiente tenso e sofrido do povo escravo.

Dona Teresa acertou com Paulo o dia da viagem para, como era de costume, eles se reunirem aos parentes. Tinham essa tradição já que tão pouco se encontravam.

Por outro lado, Maria Auxiliadora foi colocada a par de sua missão, por Maurício. Ela agora tremeu por dentro. Matar seu amante era algo que não lhe trazia nenhuma disposição. Mas pelo menos na conversa com Maurício não havia como negar. Estava de fato num tremendo enrosco.

Amava Maurício pelo carinho que ele lhe devotava, gostava de passar algumas noites da semana com ele na senzala, mas, em seu caráter e raciocínio cheio de caprichos, não queria perder Matias. As noites *calientes* com o feitor eram os momentos que mais lhe acendiam na alma indomável o prazer de viver. O que fazer agora? Preocupada, pensava consigo: "Onde fui me meter?".

Matias prometera comprar-lhe a liberdade. Demoraria algum tempo, mas precisava ter paciência. O feitor estava se preparando financeiramente para isso. Nas horas felizes confidenciara-lhe a ideia. Contudo, paciência era uma virtude à qual ela nunca se submetera.

Apesar de sonhadora, era também calculista. Sabia que o feitor não resolveria isso em pouco tempo.

A fuga com Maurício, algo para logo, dava-lhe a esperança de recuperar a tão sonhada liberdade.

"Sinhana era uma boa chefe" – pensava a jovem – "mas jamais deixaria de se submeter às regras e à disciplina para tudo.".

Com Maurício, ganharia o mundo. Nada de se prender a alguém. Na primeira oportunidade, seria dona de si. Sentiria muita falta do feitor, todavia aprendera que, naquela vida que levava, tudo chegava e saía de forma muito rápida.

Foi assim na fazenda anterior, quando quase se tornara a herdeira em razão do romance com o filho do proprietário.

Agora, esperar a carta de alforria, sabe-se lá até quando, não era coisa para ela. Também jamais mataria alguém. Principalmente alguém com quem desfrutava de sua intimidade.

Para complicar mais as coisas, descuidara-se no relacionamento tórrido com Matias e tinha uma grande suspeita de estar grávida.

Como achar uma saída para não desapontar Maurício? Em suas próprias mãos caíra toda a responsabilidade para o sucesso do projeto. Qualquer tentativa de se esquivar dessa tarefa, que lhe fora imposta, implicaria problemas gravíssimos. Corria o risco de ficar sem Maurício e sem Matias e voltar de vez para a senzala se não encontrasse uma solução urgente para a encrenca que ela mesma criara quando deu a ideia ao namorado num momento em que procurou se livrar de uma situação complicada com ele.

Dessa forma, corria riscos altíssimos de perder a carta de alforria e o amor de Maurício; além disso, se confirmada a gravidez, ganharia o que ela entendia ser um novo problema.

Como sair da dificuldade?

E se, em vez de ministrar o líquido fatal ao feitor, conseguisse algo que só causasse o sono profundo dele?

Era, de fato, uma mente diabólica!

Mas todos nós, quando envolvidos em pensamentos não elevados, contamos também com a influenciação de espíritos em nossas ações. Da mesma forma que a prece nos ajuda a resolver nossos problemas, trazendo-nos uma sensação de bem-estar e segurança para a execução de atitudes corretas, quando, ao contrário, ao abrirmos o canal de nossa mente para projetos baixos, atraímos companhias espirituais afins, muitas vezes até inimigos de outras vidas, que ficam à espreita, às vezes por anos a fio, somente esperando a oportunidade de nos colocar em situações comprometedoras.

E inimigos, convenhamos, pela forma como Maria Auxiliadora levava sua vida, eram o que não faltava. Tanto no plano material quanto no espiritual.

E pensou: "Ah, o velho André curandeiro sabe de tudo. Com certeza, irá me ajudar. Ele prepara tanta beberagem, certamente teria algo forte para pessoas que não conseguem dormir.".

Sorriu maliciosamente e chegou a uma conclusão que lhe traria a saída: aplicaria ao amante algo só para entorpecer por algum tempo seus sentidos.

Em sono profundo, Matias não atrapalharia em nada na fuga, e Maurício o imaginaria morto.

Ainda poderia alegar, caso fosse capturada, que fora forçada a ir com eles. Tudo perfeito na mente da malévola criatura.

Falaria com André o quanto antes. Contava com o problema solucionado de vez.

CAPÍTULO XI
VIDAS EM CONFLITOS

A REUNIÃO PROGRAMADA ocorreu dentro do esperado por Fernando e por toda a cúpula do plano de fuga.

Maria Auxiliadora participou, mas, por determinação de Maurício, por breves minutos, em que o grupo expôs a ela qual seria sua tarefa. De certa forma, foram até duros, advertindo-a de que seu insucesso seria o fracasso de todos e certamente as consequências atingiriam em cheio a pessoa dela e poderia causar até a morte deles.

Temerosa, ela pensava: "Que situação complicada!".

Pior que o ditado "O peixe morre pela boca" nunca foi tão verdadeiro quanto no momento atual da moça.

Novamente veio à mente o questionamento de sua atitude quando buscou uma saída para explicar ao namorado o envolvimento com o feitor.

Disse que fora violentada pelo feitor, mas tinha algo em mente, um plano para matá-lo. Não dera essa ideia absurda? Só não contava com o fato de que Maurício usaria isso tão facilmente.

Assim saiu da reunião completamente abalada.

Teria poucos dias para se livrar da situação inesperada. A deserção de seu papel significava castigos pesados e possivelmente morte para os membros do grupo.

Matar Matias não o faria, com certeza.

"O que fazer?" – pensava alto. Aquela seria uma noite de muita insônia.

De fato, falou a noite inteira, segundo disse Ana, com quem dormiu ao sair da reunião. Teve pesadelos assustadores e, ao contar à amiga a situação delicada em que estava envolvida, esta sugeriu que procurasse André.

No final daquela tarde quente, própria do clima de dezembro, desceu as escadas da casa grande e foi em busca de André.

Encontrando o velho negro sentado em seu toco de madeira, com o inseparável cigarro de palha, foi direto ao assunto.

– André, preciso de sua ajuda.

– De que forma?

Desconfiado com aquela visita incomum e dono de um sexto sentido quase que infalível, sabia dos riscos que aquela criatura sempre trazia. Sua proximidade era sinônimo de problemas.

– Estou passando por um problema de insônia, você, que conhece remédios pra tudo, não sabe de uma erva que possa me ajudar nisso?

– Falta de sono é problema aqui, oh! – disse ele, apontando o indicador para a própria cabeça. – Se tem a consciência tranquila, você dorme em paz. O que lhe atormenta?

Fez a pergunta para experimentar Maria Auxiliadora. Só queria confirmar suas suspeitas uma vez que tinha enorme sensibilidade. Em tempos futuros, viriam a chamar esse dom de mediunidade. No caso dele, mediunidade poderosa.

– Nada não – ela falou baixando os olhos.

– Menina, – advertiu o negro – você tem a vida muito enroscada. Brinca com fogo. Não assuma compromissos demasiadamente pesados, que não possa suportar.

– André, meu problema é somente falta de sono. Sei que você pode me ajudar.

– Eu vou ajudá-la, mas que fique claro que só faço isso para que mais vidas não se percam. Você tem uma nova vida em seu ventre, menina!

Ela arregalou os olhos desmesuradamente, pensando: "Que velho feiticeiro é este? Nem eu tenho certeza disso. Não falei nada a ninguém!".

– Pois é... – disse André serenamente, percebendo o espanto na reação da moça, que só confirmava o que ele via pelos olhos do espírito. – Entende o quanto você está comprometida? E o pior é que isso não vem só dessa ação impensada. Sua vida, entendo que muito sofrida pelo que passou na sua terra, vai se agravando com a soberba e o descaso com os semelhantes. Agora mesmo se encontra num dilema extremo. É a consequência dos atos levianos.

Cuide para que não venha a perder essa criança, o que irá pesar – e muito – em seu futuro.
– Que futuro? Escravo não tem futuro! Você vive bem aqui em seu quarto, mas desconhece nossas dores no campo – respondeu, irritada.
– Maria Auxiliadora, – afirmou com a voz cansada, mas carregada por uma enorme autoridade moral – pense no nome que recebeu em sua nova terra, nesta nova vida e renove sua alma, honrando o nome da mãe de Jesus e, principalmente auxilie na medida do que pode.

André, então, continuou:
– Conheço, sim, o sofrimento de minha gente e trabalho dentro de minhas limitações para evitar males maiores. Seus projetos e os de seus amigos que sonham em deixar esse lugar eu já previa há muito tempo. Conheço sua necessidade a respeito do que me pede. Encurtando nossa conversa, pois vejo que não se propõe a melhora nenhuma, vou preparar para você o líquido que pretende usar para evitar um desatino. Volte amanhã neste horário e não comente nada sobre nossa conversa, tampouco não pense que estou apoiando sua atitude. A cada um, as consequências dos próprios atos. Vou ajudá-la para que assim evitemos mais um crime.

Espantada com toda a revelação, Maria Auxiliadora ficou muda. Perdeu totalmente a fala. Não tinha argumentos, algo inédito para ela numa conversa.

"Que homem é este?" – perguntava a si mesma. – "Sabe de tudo sem sair deste quarto. Inacreditável!" – estava espantada.

– Está bem – retrucou depois de alguns longos minutos, quando conseguiu recuperar a voz.

– Agora vá! Melhor que não permaneça muito tempo aqui. E amanhã, quando retornar, me traga o frasco com o veneno que lhe entregaram.

Ela saiu rapidamente e pensativa: "Mais essa!" Recebera na reunião o frasco, e ninguém que não fosse do grupo sabia dele. Guardara em local completamente seguro e desconhecido para quem quer que fosse. Nem com Ana, sua grande amiga, comentou o fato. Sinhana, então, nem pensar! Que poderes teria aquele velho?

Ainda assustada, foi correndo para a cozinha, mas Sinhana já não estava mais lá. Contava encontrá-la e pensava em pedir-lhe que a deixasse dormir em seu quarto naquela noite.

Não se sentia em condições de estar com quem quer que fosse, exceção feita a Sinhana e à amiga Ana. Mas naquela noite não queria ir para a senzala. Era momento de ouvir alguém como Sinhana.

Agora restavam poucos dias da vida dela por ali. Estava feliz, pois pelo menos se livraria de cometer um assassinato. Entregaria o veneno ao curador e aplicaria o sonífero. Nessas alturas, pensava, não tinha nada mais a fazer. Mas e dali para frente? O que seria da vida dela?

André fora claro quanto às perspectivas de futuro. Muito embora em sua sabedoria ele estivesse alertando quanto às vidas futuras, Maria não tinha capacidade de entender dessa forma. Futuro para ela se resumia à sequência da fuga e nada mais.

No entanto, a advertência, principalmente quanto à futura criança que viria ao mundo, estava clara, alertando-a para as responsabilidades que ligavam esse fato à vida dela, à de Maurício e à de Matias.

Um detalhe: o ser humano em formação quase não existia ainda, mas o espírito reencarnante junto ao corpo da futura mãezinha, invisível aos olhos da maioria, estava bem à vista para André.

Reencontrando Sinhana naquela noite, Maria abraçou-a muito amedrontada.

– Que é isso, menina? Que bicho lhe mordeu?

– Nada – desconversou, e já foi perguntando: – Posso dormir aqui, hoje?

– Claro! Ocê tá bem? Tá sentindo algum mal? Se for isso, vamos procurar André agora.

– Não! – disse de chofre.

– Tá assustada, Maria! Parece que viu um fantasma! – observou, rindo.

– Acho que sim. Esse André cura tudo? Sabe de tudo?

– Muito mais que ocê imagina! Tudo que sei aqui na cozinha aprendi com a mãe dele. Ela curava desde uma simples dor de cabeça até doenças mais graves. Sonho muito com ela. Sempre sonhos bons.

– Você não tem medo?
– Medo do quê? Era a bondade em pessoa. Nesse ponto André puxou à mãe. E em outro também. Falam que nós, escravos, temos quem nos acompanha embora a gente não veja. Tanto ela, a mãe, quanto ele, André, conhecem fatos de nossa vida que só a gente sabe.
– Ah, entendo – falou disfarçadamente sem comentar o ocorrido naquela tarde.
– É, menina, por isso eu digo que, se você não está bem, levo você agora lá, porque ele sempre tem um remédio para nossas dores, nossos medos.
– Não, Sinhana. Nesta noite, só preciso de uma companhia como a sua.
– Então, deite aí nessa cama e durma, que amanhã teremos muito trabalho. Os patrões partem por esses dias e, quando isso acontece, levam muitos agrados para os parentes e sobra para a gente fazer esses agrados. Vou ensinar você a fazer um doce que a mãe de André me ensinou.
Maria sorriu mais calma, sentindo-se segura junto à amiga e buscou o sono tão distante e difícil naquela noite.
Lembrou da mãezinha, do pai tão bonito, da terra distante para sempre. Que vida! Teria razão André?
Mas para que a gente vivia, então? – pensava. – E Sinhana? Tão feliz! Por que não era igual a ela? Uma amiga tão prestativa! Calma, submissa, nem parecia uma cativa.
Agora se via ali entre dois amores.
Matias prometia o mundo, mas como acreditar?

Tinha uma índole tão violenta com todos, mas com ela era um doce de pessoa!
Maurício era justo e trabalhador, mas tão cabeça-dura! Por qualquer coisa ficava contrariado.
Tanta gente em sua vida ainda tão curta!
Agora, um filho...
Como seria isso?
Melhor abortar a ideia da fuga? De que forma?
Tinha o carinho de Sinhana como o de uma irmã mais velha.
Tinha Ana como uma mãe.
Por que fora se meter nessa encrenca de fuga?
Poderia até administrar o sonífero e aparecer para dizer: "Tudo resolvido, mas eu não irei.".
Maurício aceitaria facilmente? Ou colocaria tudo a perder para ele e os demais?
"Ô, vida!" – pensava. – "Não fosse tanto amor pela vida, eu tomaria o veneno e fim.".

CAPÍTULO XII

AMANHECER VIOLENTO

NAQUELA QUARTA-FEIRA QUE antecedia o Natal, uma alegre manhã de final de primavera se findava, e Paulo, reunido com Matias, passava as últimas instruções.

– Amanhã viajo com minha mãe e alguns escravos para a fazenda de meu tio. Cuide bem para que tudo transcorra dentro da normalidade nesses poucos dias que estarei ausente.

– Certo, patrão, vá descansado.

– Sobretudo – continuou Paulo, sereno como sempre – evite se aproximar da cozinha, que estará aos cuidados da escrava Maria Auxiliadora, já que levaremos Sinhana.

– O senhor sabe que nunca vou a essa parte da casa – retrucou sério.

– Sim, eu sei, mas preciso deixar isso bem claro, até porque Sinhana, mesmo ausente, não gostaria de sua entrada lá.

– Senhor – disse agora bem irônico – prefiro a companhia das cascavéis e urutus no cafezal a me aproximar dessa outra espécie de víbora.

Paulo riu por dentro do receio que aquele homem, tão valente, tinha da cozinheira. Na verdade, Paulo sabia, e de forma muito clara, do envolvimento de seu feitor com a nova escrava da fazenda. Dessa forma, ele o advertia no sentido de evitar qualquer atitude que demonstrasse liberdade ou abuso na ausência dos patrões.

– Vá tranquilo, senhor – ratificou ao patrão – cuidarei da Pombal como sempre fiz em todas as outras vezes.

– André falou-me de algum pressentimento ruim com minha partida por esses dias. Você tem conhecimento de alguma coisa fora do normal que esteja ocorrendo entre os escravos?

– Ara, senhor! – agora deixava claro sua repulsa pelo velho André. – Não acredito que vá dar atenção a esse louco do André! Pressentimento? Imagine, senhor Paulo! Esse velho pouco sai de seu quarto, o que pode ele saber do que acontece entre os escravos?

– Melhor assim, então – Paulo respondeu, sério. – Imaginava mesmo que não houvesse nenhum problema, mas, caso ocorra, você sabe que, indo pelas terras do Silveira, chegará até onde estou em metade do tempo. Já falei com ele, e você tem autorização, em caso de urgência, de ir por ali a cavalo.

– Patrão, até parece que vai para o estrangeiro! Quantas vezes viajou por tempo bem mais longo e, ao retornar, encontrou tudo na mais perfeita ordem. Não confia no seu feitor?

– Sempre é bom se prevenir, Matias!

Paulo iria pela estrada saindo no dia seguinte, uma quinta-feira, dia 22 de dezembro de 1825, em direção à propriedade de seu tio, que ficava cerca de seis léguas dali. A viagem demoraria muito, pois iriam numa carroça, levando a mãe e alguns escravos.

A fazenda de Silveira limitava-se à Pombal na direção oposta da estrada por onde iriam, mas por ali não havia condições de trafegar uma carroça e até por isso a instrução ao feitor, que, indo a cavalo, encurtaria o caminho pela metade.

Tinham o costume de, na época do Natal ou em outras festividades religiosas, reunir as duas famílias numa das fazendas. Mas o Natal era sempre na casa do tio.

André conversara muito com Paulo como era costumeiro e havia manifestado seus receios.

Naturalmente, mesmo que conhecesse os detalhes do que estava prestes a acontecer, não poderia falar sob pena de ser o causador de castigos cruéis em seu povo, mas ele suspeitava de algo anormal sem, no entanto, poder dizer com certeza. Falara com Maria Auxiliadora daquela forma pela incorporação que tivera de seu mentor. Mas sua mediunidade era algo poderoso ainda que nem mesmo ele tivesse conhecimentos teóricos. Para ele aquilo ocorria e ponto-final, numa época de poucos conhecimentos a respeito.

Desconhecia completamente, por exemplo, a atuação de Ubaldo, que trabalhava a favor da fuga dos escravos.

Preocupante para ele era o fato de não ter recebido o frasco de veneno das mãos de Maria Auxiliadora ainda. Tinha contatos com Faustino por meio de quem soubera das intenções de Maurício de eliminar o feitor. Todavia, Faustino não tocara no assunto da fuga. Havia naquele meio muito medo, mas acima de tudo lealdade.

Assim, de quarta até sexta-feira, os dias transcorreram sem maiores novidades.

No grupo que articulava a fuga a ansiedade era grande.

Sábado pela manhã, véspera do Natal, com a chegada do sol vinha o despertar do grande dia.

Partiriam naquela noite. Eram agora 13 pessoas. Maurício orientou a todos que mantivessem a discrição para não despertar suspeitas.

Tudo acertado com Ubaldo, que prometeu entregar as espingardas naquela noite. Prepariam uma aguardente fortíssima no engenho, que Ubaldo distribuiria ao corpo da guarda. Certamente eles se deliciariam com a cachaça, o que iria entorpecer rapidamente as sentinelas.

E sempre surge um "mas", um, "porém", que muda na prática tudo aquilo acertado na teoria.

A contragosto, Maria Auxiliadora, naquela noite, alegando as comemorações natalinas, fez um brinde à felicidade do casal e ministrou ao feitor o conteúdo de um dos frascos. Matias, homem forte, ainda que acostumado à bebida, desfaleceu de vez.

Dividida entre a sonhada liberdade, que via cada vez mais perto com essa partida, e o envolvimento com o feitor, que tanto a satisfazia, escolheu a primeira opção. No entanto, no último momento, veio a sua mente a frase marcante de André:

"Não saia dessa fazenda. Seu destino é aqui. Essa é sua última chance. Novo deslize, e seu futuro estará seriamente comprometido.".

Não obstante o medo, o receio, encontrava argumentos em sua mente. "O que sabia André da vida dela?".

Teimosa que era, mal sabia em que situação estava se metendo. Pagaria para ver.

Próximo da meia-noite, por testemunha somente o luar prateado do Natal, as tramas há tanto tempo planejadas eram colocadas em execução.

Conforme combinado, previamente um dos escravos envolvidos na trama vinha em busca de Maria Auxiliadora.

Ela beijou levemente o amado, pai do filho que trazia no ventre, imaginando por que fazia aquilo.

Após ouvir os passos do escravo que chegava lá fora, saiu ao seu encontro.

Caminhava furtivamente pelo canto mais escuro da casa grande. O medo refletido nos grandes olhos arregalados. Logo deparou-se com Maurício montado num cavalo.

— Não tenha medo — disse-lhe resoluto. — Sobe! — Encostou o cavalo bem próximo e ordenou ao escravo que a acompanhava:

— Ajude ela! Com a voz denotando seu estado zangado, foi duro com o escravo. Encostou o cavalo bem próximo de uma tora enorme de cedro que permanecia ali havia tempos. Maria usou a tora, subindo sobre a madeira e tomando impulso; logo estava na garupa do animal. Em seguida, desceram silenciosamente por uma estrada que saía da fazenda e um pouco mais abaixo, próximo a um riacho, Fernando esperava por eles junto aos demais.

— Todos estão prontos? O líder da fuga fez a última constatação visando a partida.

— Espere — disse um deles — o Mudo foi buscar parte do que Pedro esqueceu na senzala.

— Mais essa? — nervoso, Maurício falou se dirigindo a Fernando: — Por que você deixou? Um minuto só, e poderá pôr tudo a perder.

— São os alimentos, meu chefe. Como fugir sem nada para comer?

— Já deveria estar aqui. Não era função de Pedro ver isso?

— Você se esquece que eu tive que buscar as armas? — gritou, revoltado, o escravo citado.

A discórdia começava quando ouviram um tiro.

Agora a encrenca ficou feia.

Os vigias estavam em sono profundo, mas um deles não podia beber. Era portador de uma doença contra a qual uma gota de álcool que fosse seria um veneno fatal.

Ao perceber o movimento na volta de Mudo, ainda que tardiamente, ao ver aquele cavaleiro se deslocando no interior da propriedade o vigia deu o grito:

– Alto! Parado aí!

Mudo, no desespero e movido pelo medo, acelerou sua montaria.

Como estava sob a mira do vigia, este disparou. O tiro foi certeiro. Tomando o fugitivo por algum ladrão, não vacilou. E, para a infelicidade do fugitivo, esse vigia era o que tinha a melhor pontaria.

O tiro atingiu a cabeça do escravo, e ele caiu do cavalo, sem vida.

– Vamos voltar! – disse um dos escravos lá embaixo próximo do riacho.

– Fujam! – gritou Fernando.

– Mas e seu amigo Mudo? – alguém questionava Fernando.

– Não dá! Corram todos!

Na confusão, um ainda tentou parlamentar:

– Os vigias estão bêbados. Nós temos as armas que o próprio Mudo tanto pediu.

– Dividam-se em grupos! – gritou Maurício. – Cada um para o seu lado!

Assim os doze fugitivos, montados em seus cavalos, tomaram a direção que cada um havia planejado.

Fernando, liderando um dos grupos, avançou noite adentro na direção oeste como havia decidido. Iria à procura de um quilombo.

Henrique e Pedro se deslocaram para leste, mas descrevendo uma linha levemente para o sul. Quase sudeste.

Para o sul foram Maurício, sua amada, o traidor Ubaldo e um dos escravos, que ficou apavorado e meio perdido na hora da confusão. Este havia acertado seguir com Fernando, mas, atrapalhado que era, ficou para trás e assim se juntou ao grupo de Maurício.

Quatro almas encarnadas e uma a caminho de nova existência, que Maria trazia. Cinco almas e um destino.

Na fazenda, o forte alarido acordou a todos.

Os escravos que, com medo, não se envolveram na fuga relutavam em sair da senzala. Tobias, que de tudo sabia não teve receio. Veio na direção do curral onde encontrou André, que tentava cuidar do morto, e o vigia, com a arma na mão. Os demais vigilantes que tinham condições de despertar do torpor que a bebida causara iam aparecendo aos poucos. Alguns escravos que trabalhavam na casa grande iam surgindo naquele clima de terror.

– Onde está o feitor? – André gritou com uma voz forte bem diferente daquele velho calmo ao qual todos recorriam nos momentos de dificuldades.

Não obtido resposta, voltou a gritar:

– Clarindo! – o ajudante principal de Matias vinha surgindo quando foi interpelado. – Vá atrás de seu chefe! Traga ele aqui, agora!
E observou para a população escrava alarmada:
– Este homem está morto! – apontou para o corpo de Mudo.
Aos poucos, alguns escravos se aproximavam meio sonolentos, outros terrivelmente assustados.
Ao verem o corpo de Mudo inerte no chão, alguns choraram em desespero.
Matias estava noutro mundo! Poucas gotas do líquido o derrotaram.
Prostrado na cama, onde tantas noites Maria Auxiliadora realizara seus mais recônditos desejos, jazia inerte.
Clarindo bateu à porta quase esmurrando. Com o silêncio do outro lado, resolveu abrir a porta.
Para seu desespero, ao entrar, viu o feitor imóvel, meio caído para o lado do leito.
Voltou correndo para junto da multidão, no centro da confusão que se estabelecera, e gritou o mais alto que pôde, fazendo que sua voz ecoasse por toda a fazenda naquela primeira hora do sábado:
– Matias está morto!

CAPÍTULO XIII
O JOGO NÃO ACABOU

ANDRÉ, MUDO COMO uma estátua, os olhos desmesuradamente abertos e o coração a bater descompassado, saiu correndo ao encontro do auxiliar do feitor. As mãos se fixaram em cada um dos ombros de Clarindo e finalmente a voz saiu:
– O que está dizendo, homem? – aos gritos e descontroladamente não acreditava naquilo que estava vivendo.
– Somente o que eu vi. Matias, sem vida – respondeu o auxiliar do feitor.

Os dois pararam e se sentaram num barranco ali sob o olhar atônito da multidão que acompanhava cada lance logo abaixo. Clarindo e André tinham um bom relacionamento. O auxiliar de Matias, não obstante estar ao lado de um tirano, era de boa índole. Ao contrário do feitor, se tivesse de exercer um ato de açoite, contava as chicotadas sempre a menos. Lentamente, para que se perdessem na contagem, reduzia ao máximo que podia e só o fazia porque era parte de seu ofício.

Homem experiente e de fé, seguro de si, André colocou as mãos sobre a cabeça e tentou manter a calma. O pensamento voava para um lado e para o outro. Era muita confusão de uma vez só. "Não é possível." – pensava. A excêntrica Maria Auxiliadora fora ousada demais. Enganara até ele. No fim, o pedido para a beberagem foi um engodo. Por isso não devolveu o frasco com o veneno.

Agora nada mais restava a fazer. Sem os patrões, com o feitor morto, a população escrava entre o pavor e a possibilidade de fuga, os vigias alcoolizados, sobrava para ele, André, contornar aquela situação.

Após respirar, refletir, buscou a calma que lhe era habitual e, mais centrado, começou a pôr ordem na casa.

– Tobias, – gritou para o mais experiente entre os escravos – logo a polícia estará aqui. Leve todos para a senzala e mantenha a ordem.

Claro que alguns, aproveitando a baderna que imperava, pensavam em se utilizar do momento e fugir, mas André, que tinha o respeito de todos, ponderou de forma dura prevenindo-os:

– Todos viram o que aconteceu com Mudo: uma vida tão jovem sendo levada ao fim por um ato impensado! Todos devem atentar para isso e cumprir suas obrigações, pois o sinhozinho logo estará de volta. Vamos, cada um para seu lugar. Procurem descansar e ficar quietos, porque chamaremos a polícia e não desejamos mais mortes neste lugar. Melhor ninguém mais se meter em encrencas. Agora todos sigam com Tobias.

Tobias, um dos maiores fujões, por ironia do destino conduzia seus amigos, enquanto André continuava tomando novas providências. André chamou um dos vigias que via mais em condições e determinou:

– Vá até a Vila e informe tudo à polícia. Seja claro avisando que estamos com dois mortos e que o sinhozinho está ausente.

Feito isso, chamou Clarindo para que fossem juntos ao quarto de Matias.

Antes determinou a algumas escravas da casa grande que trouxessem um lençol e mandou que cobrissem o cadáver do escravo que jazia ali sobre o barro e estrume dos bovinos, próximo ao curral.

Com a situação mais ou menos controlada, foi até Clarindo para tomar as providências com relação ao outro morto.

Ao abrir a porta, espantou-se com o que viu: Matias, com as pernas caídas para fora do leito, todo torto, imóvel.

Aproximou-se da cama e, como fizera com Mudo, começou a apalpá-lo na esperança de encontrar vida naquele corpo.

Para sua felicidade, sentiu o pulso do feitor.

– Está vivo! – exclamou feliz.

– Como, vivo? Olhe a cara dele. Não mexe um músculo sequer.

– Rápido, Clarindo, pegue um copo de água naquele corote.

Clarindo obedeceu trazendo rapidamente a água, que André atirou no rosto do homem desacordado. Sacudiu fortemente o corpo do feitor, que dava alguns lentos sinais de vida.

– Acorde, Matias! – berrou com toda a força que lhe restava, no que foi seguido por Clarindo.

O homem remexeu seu corpanzil, lentamente abriu os olhos e, num misto de moleza e susto, tentava entender o que se passava por ali. Deitara com sua amada e acordava com dois homens em seus aposentos? Vagarosamente foi retomando a consciência. Não obstante o corpo quase inerte, possuía ainda o instinto de um animal. Espantosamente, de um salto fez-se de pé, ainda que cambaleante.

– O que é isso? O que vocês fazem aqui? Não se pode dormir em paz?

– Paz é o que não terá mais – disse duramente André.

– Que é isso, negro? Não basta invadir meu quarto e ainda me insulta?

– Pois olhe, e prepare-se porque há muita encrenca para hoje. Vários escravos fugiram e...

Matias nem deixou André terminar de falar. Procurou rapidamente sobre a cama sua espingarda e enfiou a roupa no corpo de qualquer jeito, preparando-se para sair.

– Calma! – disse André. – Sua arma não servirá de nada por agora. Nessas alturas, já estão longe. Tem um morto perto do curral. Já mandei chamar a polícia.
– O que está me dizendo? Como fugiram? – assustado, buscava explicações. – E os vigias? Todos armados...
– Pois é, essa parte de nada sei. Quanto às armas, um deles matou um escravo com um tiro. Aconselho a buscar o sinhozinho o quanto antes.
– Meu Deus!
Com a cabeça a mil, nem teve tempo de pensar em Maria Auxiliadora. Em sua mente ainda em forte ebulição rememorou dois fatos apenas. A advertência de Paulo quanto aos pressentimentos de André e a ordem para buscá-lo em caso de problemas maiores. É o que faria agora, mas, antes de ir, ligou os fatos do possível pressentimento com a presença do antigo escravo ali. Num ímpeto, levantou André pelos colarinhos e, sacudindo o velho negro, disse de forma agressiva:
– Negro vadio! O patrão falou de sua conversa a respeito de cuidar bem porque havia problemas aqui. Coisas ruins poderiam acontecer. Você sabia disso? Participou dessa trama? Fale logo! Sua situação vai ficar complicada!
– Tome as medidas para cuidar da propriedade que é totalmente de sua competência! – replicou André. – Ademais, se existe situação complicada aqui é a sua! Não sabe de nada, ingrato! Muito provavelmente estaria morto a estas horas não fosse a interferência de pessoas a quem julga sem nada conhecer!

Matias se espantou com a reação do velho, sempre calmo e tranquilo no falar. André continuou:

– Siga as orientações de seu patrão antes que isso aqui vire uma completa revolução e mais vidas sejam perdidas.

O feitor recuperou o fôlego e agora quase dentro da normalidade percebeu que de fato fora ingênuo. Caso André tivesse participação, não estaria ali, todo preocupado. Fora tolo, pensou. Mas também tudo isso era consequência do líquido que o adormecera, e ele nem tinha ideia daquilo.

– Clarindo, organize a guarda em postos-chave da fazenda para que não aconteçam mais fugas. Vá agora! E, antes, sele meu cavalo rapidamente.

Agora, sim, o esperto Matias começava a funcionar.

Ficando a sós com André, falou sem jeito:
– Irei buscar o senhor Paulo. Já que você chamou a polícia, mantenha-se atento à entrada da fazenda.

– Vá, então! Pela distância, demorará muitas horas.

– Paulo deixou ordens para que, em caso de extrema necessidade, eu fosse por um atalho pelas terras do Silveira.

– Então agilize isso! – André foi taxativo.

– Escravo mandando em feitor!... – Matias riu ironicamente e perguntou: – Quem foi morto?

– Mudo. Foi atingido com um tiro na cabeça.

Matias saiu rapidamente deixando André para trás e encontrou Clarindo, que já chegava com o cavalo, pronto para a viagem.

No caminho, ainda encontrou alguns escravos, que já o temiam "em vida" e agora, vendo o fantasma do feitor, desataram a correr e a gritar em desespero. Matias não entendeu nada.

No trajeto da longa cavalgada, ia remoendo os pensamentos e tentando encontrar a lógica de todos aqueles acontecimentos insólitos.

Recolocando as ideias em ordem, reconhecia: André não tinha nada a ver com tudo aquilo. Precipitara-se de forma idiota, pensava.

Agora compreendia o ocorrido.

E Maria Auxiliadora? Por que não a encontrou? Na certa, com todo o rebuliço fora para a casa grande. Só podia ser. Certamente os homens que chegaram a sua procura já tinham acordado a jovem primeiro. Estranho foi ele demorar a acordar. Sempre teve um sono leve como uma pluma. Acordou de modo esquisito. E como não ouvira os tiros?

Com tantas perguntas sem respostas, o que diria ao patrão?

Que situação estava vivendo naquele momento! Ele, que sempre controlava tudo, tinha de reconhecer: André tinha razão mais uma vez. De fato, situação complicada era a dele, Matias.

Na condição de responsável pela fazenda, não saberia responder às perguntas mais primárias que certamente Paulo faria.

Quantos fugiram? Quais foram os escravos que fugiram? Como eles conseguiram fugir? Por que aquele escravo foi morto?

Ele, Matias, gostaria muito de saber, mas sequer teve tempo e raciocínio logico para perguntar antes de partir. Certamente fugiram uns dois ou três. Provavelmente Tobias e mais um ou dois. Maurício? Com toda a certeza, seria outro.

Eram tantas as dúvidas que iam surgindo, que, sem perceber, rapidamente já estava bem próximo da propriedade do tio de Paulo.

Enquanto isso, na fazenda, a polícia chegara e ia tomando todas as providências e, a par da situação complicada, com a ausência do proprietário e do feitor, reforçaram a guarda para manter o controle.

As primeiras diligências começaram a fim de descobrir pistas que levassem ao paradeiro dos fugitivos e assim tentar, ainda que parcialmente, frustrar a fuga espetacular.

Logo Matias chegou ao seu destino. Conversou rapidamente com Paulo sob as vistas do tio deste, e, em razão da urgência do retorno, só teve tempo de esperar os cuidados que tiveram com sua montaria, como alimentação e água, e com a providência de aprontarem um cavalo para Paulo.

Os primeiros raios de sol despontavam no horizonte da sempre bela paisagem das alterosas dando as boas-vindas aos dois cavaleiros de volta à agitada Fazenda Pombal.

Paulo, a princípio, sentira-se culpado pelo descaso com que procedera em relação às advertências de André. Começando a viagem, ainda de forma suave, pois o trecho inicial era muito acidentado, aproveitava para ir revivendo a conversa rápida que tiveram na fazenda do tio e ia interrogando o feitor.

– Você vê alguma perspectiva de capturarmos os fugitivos?

– Eu prometo uma coisa, meu patrão: caso a polícia nada consiga, tão logo deixemos a situação resolvida, quero eu mesmo ir pessoalmente nessa missão. Devo isso ao senhor. E nem quero receber por esse trabalho.

– Como assim? – surpreso, Paulo argumentou: – Você não é capitão-do-mato.

– Tenho honra, senhor Paulo. Falhei por motivos que não consigo atinar. Em que ponto eu errei? Isso que eu tento descobrir. Está claro que fui ludibriado em algum momento, e isso será esclarecido. Desde já, peço que, tão logo tudo volte ao normal na Pombal, me libere para eu consertar essa falha.

– Homem, deixe de besteira. Tudo que houve foi que você exagerou no vinho e na certa já havia um plano traçado há tempos pelos fugitivos. Você esteve com Maria Auxiliadora na noite de ontem?

Como a pergunta foi inesperadamente desfechada de forma direta, os dois cavaleiros olho no olho, o feitor ruborizou. Naquele trecho do caminho, tiveram de parar para

contornar um forte obstáculo, e isso contribuiu para a reação de Matias. Entendera o objetivo da pergunta.
– Sim – disse isso e baixou a cabeça, envergonhado.
– Então, meu caro, foi aí sua grande falha. Antes de sair da fazenda para vir ao meu encontro, esteve com ela?
– Não. Tão logo André me acordou... – nesse ponto de sua resposta, também hesitou, mas logo continuou – como dizia, acordei parecendo que dormira cem anos. Não conseguia colocar meu raciocínio em ordem.
– Efeito do álcool, Matias. Mas escute, o que me diz de uma observação importante: você sabe que sua amásia é envolvida com um dos escravos?
– Claro que sei! – finalmente respondia algo de forma objetiva voltando a ser o feitor que Paulo conhecia.

Como o caminho agora se tornava plano e de fácil acesso, Paulo ordenou:
– Agora vamos aproveitar que a rota é longa e em trecho reto para adiantarmos nossa viagem. – Assim encerrou o diálogo com a frase seguinte:
– A galope, Matias!

Os animais partiram a toda. O cavalo de Paulo, descansado, saiu na frente, mas o feitor era também um excelente cavaleiro, e seu fogoso corcel nem parecia que tinha acabado de vencer a longa distância da viagem de vinda.

Ao comando do feitor, relinchou forte no vale que se descortinava à frente e partiu feito um corisco, ultrapassando em pouco tempo Paulo e seu alazão.

Ainda que em alta velocidade, Matias não parava de pensar nas últimas perguntas do patrão. Praticamente o chamara de otário. Ou pelo menos insinuara que Maria Auxiliadora o ludibriara e fora a principal causadora de tudo.

Mas como? – pensava de forma ininterrupta. – Chegando à fazenda, iria à procura dela.

Não se lembrava de nada que não fosse os dois juntos deitados, como já faziam há muito tempo.

Claro que sabia da situação do triângulo amoroso em que era parte. Não era idiota para ignorar aquilo.

Paulo era bom moço, pensava. Totalmente diferente do pai. Mas Matias, desde o início, percebera em Paulo sua grande inteligência e o ser astuto que era.

Apesar de não parecer, tinha o controle de tudo. Pecava pela complacência com os escravos, pensava. Não fosse ele, Matias, já teriam fugido todos. Com Jerônimo isso não acontecia. Mas admirava em Paulo sua calma. Mesmo agora, com todo esse episódio grave, esperava ser escorraçado. Seria o que Jerônimo faria. No entanto, Paulo mantinha-se tranquilo, preocupado, é claro, mas em nenhum momento o destratara. Até o tio que nem o conhecia fora muito rude diante das notícias que Matias trazia.

– Mas você não deixou alguém capacitado na fazenda? Seu feitor deve ser um banana! – Paulo sorriu e calmamente, ante a observação do tio, esclareceu apontando para Matias:

– Ele é o meu feitor. Matias sempre cuidou bem dos meus negócios.

Naquele momento, Matias sentiu a pior das humilhações. E nada poderia fazer. Agredir o homem dentro da propriedade desse homem? Tentar explicar algo que nem ele sabia, apesar de dever saber?

Era engolir o que ouvira e ainda absorver o restante quando o tio de Paulo concluiu:

–Desculpe, Paulo, mas seu feitor faz parte de todo esse rolo ou é um inútil e incompetente.

Nem Jerônimo, com toda a sua truculência, o insultara de tal forma. Sentiu ímpeto de esbofetear aquele velho, mas, como dissera André, sua situação já era muito complicada.

Aquele negro feiticeiro parece que previa as coisas.

Que palavras proféticas!

Poucas horas depois, estava ali, humilhado, apontado como suspeito de ser comparsa daqueles aos quais era o pior dos algozes.

CAPÍTULO XIV
DE VOLTA À POMBAL

– Piá, o que faz aí? Volte a dormir, guri!

Serafim, escravo da Nação Rebolo, experiente nos embates da vida, naquele tremendo tumulto que envolvia os minutos que antecediam a execução da fuga, foi surpreendido quando se preparava para buscar a mulher do líder, missão essa que lhe fora confiada.

Silvestre, escravo jovem, ainda imberbe, praticamente um menino, acordou e, assustado, meteu-se naquela confusão. Cria da casa – como se dizia daqueles nascidos e criados sob o regime cruel do cativeiro – enxergou naquilo tudo uma oportunidade de mudanças em sua vida sofrida.

– Quero ir também! – disse, decidido.

– Você não sabe sequer cuidar de sua vida, moleque! Não entre nessa!

Serafim precisava se livrar daquela situação e partir logo, pois o momento era delicado. Viera do Sul do Brasil e em seu sotaque próprio procurou encerrar o assunto.

– Então, sobe aí, tchê – ordenou, irritado, ao moleque que subisse na garupa de seu cavalo. – Rápido! Quem sabe assim você vira homem?! Mas tem em mente que isso vai lhe custar caro!

Silvestre, sem de nada saber, entrou naquela aventura perigosa e, sendo o décimo terceiro elemento a entrar para o grupo dos fugitivos, na visão dos supersticiosos daria um enorme azar ao projeto, não só para ele, mas principalmente para Serafim.

Voltando à sequência dos acontecimentos, depois daquela noite fatídica de 24 para 25 de dezembro, vamos encontrar Paulo e Matias chegando à Pombal em tempo rápido e, de imediato, ambos procuram colocar o funcionamento da fazenda dentro da normalidade.

Juntando os cacos do que sobrou, no decorrer daquele domingo trágico, recontam os escravos e percebem que, além da morte de Mudo, perderam 11 cativos. No rebuliço todo, não perceberam a ausência de Ubaldo.

– Patrão, – disse Matias, sério, – amanhã pretendo partir na busca desses fugitivos. Vou procurar cada um deles e com isso quero ressarcir seus prejuízos. Pelo menos agindo rapidamente, quem sabe, de início, eu consiga capturar ao menos metade deles.

– Deixe disso, Matias!

Paulo sabia do duro golpe que levara, mas em nenhum momento perdera a confiança em seu feitor.

Confiava – e muito – em seu empregado porque até ali este nunca cometera nenhum deslize de natureza grave. Pelo menos que ele soubesse. Sabia tratar-se de um ser duro com os cativos, por vezes até em excesso. No entanto, pensava, alguém precisava fazer o trabalho sujo, e para isso Matias era a pessoa certa.

– Talvez o senhor não saiba, mas já fiz esse trabalho de caça aos escravos fugidos. Tenho certeza de que pelo menos metade eu trago de volta. Vivo ou morto!

– Então, ponderou o patrão, para que eu vou querer escravo morto? Recuperamos as vidas que se foram nessa fuga ou assumimos o prejuízo e ponto final.

– Deixe-me ir! – o feitor demonstrava-se irredutível em seus propósitos, e reafirmava: – Sei o que estou fazendo.

Apesar de se tratar de um ser humano tosco, o que era muito comum para a época, tinha um caráter sério e comprometido no que dizia respeito aos princípios em que se via traído ou derrotado. Tinha dignidade. Fora humilhado, enganado e pretendia corrigir isso.

– Rapaz, – retrucou Paulo, procurando finalizar o assunto – você é quem sabe. É teimoso demais, mas como se culpa, o que de certa forma não é mentira, faça como quiser. Se me recuperar parte desses danos, eu o recompensarei, mas não pretendo investir nada nessa empreitada. Até o cavalo que utiliza habitualmente, de grande valor para mim, não lhe

cederei nessa tarefa. Pode até usar outro de menor valor, mas quanto a Relâmpago – nome do famoso cavalo, o mesmo em que Matias fora e voltara na busca do patrão e o qual o feitor utilizava sempre – não quero correr esse risco.
– Feito, patrão! – feliz com o desfecho, Matias concluiu:
– Amanhã partirei.
Assim o domingo de Natal se encerrava na Pombal.
O cheiro da tragédia ficou no ar. Um ambiente lúgubre pairava na fazenda.

O corpo do morto já havia sido removido, mas o espírito permanecia presente, vagando de um lado para outro, sem consciência de sua morte. Tentava fugir, mas não conseguia sair do lugar. O sangue não parava de escorrer em seu perispírito.

Os socorristas da espiritualidade não conseguiam ainda, o que era bem natural, resgatar aquela alma sofrida.

A segunda-feira começava com novidades inesperadas. Antes da partida de Matias, a polícia madrugou na fazenda. Os policiais haviam prendido dois escravos e agora vinham com a informação para o proprietário.

Disseram a Paulo que ele deveria ir até a cadeia local para reconhecer os dois fugitivos presos. Assim, ele determinou ao feitor que adiasse sua viagem, pelo menos naquele dia, para que o ajudasse a verificar se aqueles presos seriam escravos dele.

De certa forma, ao chegarem à cadeia, tiveram a satisfação de ver o prejuízo amenizado. Reconheceram Serafim e Silvestre.

– Eles não falam – reclamou o policial. – Nada disseram até agora.

– Vamos levá-los de volta – a frase de Paulo soou como um alívio para os dois prisioneiros.

Sabiam dos possíveis castigos na fazenda, mas o medo da polícia era maior. Silvestre nada falara, não por estratégia. O pavor era tal, que perdera a voz totalmente. Por mais que tentasse, a voz não saía. Já havia levado algumas surras e com isso o trauma só aumentou. Na fazenda, apesar de escravo, era tratado com carinho por todos. Até por ser tão menino ainda.

– Senhor Paulo – disse o chefe de polícia – se o senhor pretende descobrir o paradeiro do restante dos fugitivos e resolver de vez isso, deixe esses dois com a gente. Temos nossos meios para que eles contem o que sabem.

Paulo sabia como eram esses meios e naquele momento lhe falou mais alto o interesse em recuperar os prejuízos.

– Está bem. Qualquer fato novo me comunique.

– Posso ficar nesse trabalho com a polícia? – Matias se interessava em participar.

– À vontade, desde que o delegado não se oponha – finalizou Paulo, saindo.

– Sem o menor problema – confirmou o chefe de polícia.

– Até poderá nos ajudar já que os conhece bem.

Dessa forma, a nova semana começava intensa.

– Vamos levar os dois para um passeio – disse o delegado abrindo a porta do xadrez.

– Eles estão ansiosos para falar – interveio um soldado de forma irônica e cruel e deu uma gargalhada estridente. Serafim não era ingênuo. Sabia da situação embaraçosa em que estavam entrando. Estava consciente de que talvez nem voltassem com vida daquele "passeio".

Silvestre, ingênuo, não tinha a menor ideia do que os esperava. O trauma da perda da voz, motivado pelo pânico de estar preso, iria de fato lhe custar muito caro.

Levaram os dois infelizes para um lugar retirado e praticamente deserto no campo. Silvestre foi o escolhido para a primeira sessão de tortura.

O menino agora recebia toda a crueldade de açoites, não só como era comum nas atividades dos feitores, mas, o que era pior: com técnicas utilizadas pela polícia nesses casos em que se buscava uma confissão.

Após uma hora de sofrimentos e muitos baldes de água para reanimá-lo quando desmaiava, os brutos torturadores não entendiam sua mudez. Pensavam tratar-se de um durão que não abria a boca por lealdade, quando na verdade ele até queria falar quando perguntado, mas o máximo que conseguia era grunhir sons quase que animalescos.

Com o fim da primeira e fracassada tentativa, agora era abrir a boca de Serafim.

Experiente e esperto, o escravo vindo do Sul sabia que poderia morrer e que ao mesmo tempo, ainda que falasse, apanharia – e muito – de qualquer jeito.

Quando os policiais e Matias se aproximaram do escravo, não esperavam aquela reação.
– Vamos ver se você é mais esperto, negro, ou duro na queda como esse moleque idiota – desafiou o chefe de polícia que comandava os castigos.
– Eu falo, mas tenho minhas condições.
O delegado, estúpido e impaciente, esbofeteou Serafim.
– E desde quando negros impõem condições? – e completou de forma descontrolada: – Você não está em condições de exigir nada, seu peste. Ou fala ou morre!
Serafim manteve a calma e friamente respondeu:
– Pois, olha, sei de tudo em cada detalhe. Sei que o feitor quer recuperar a mulher dele, que leva um filho na barriga. Porém, só falo junto ao sinhozinho. Aqui é tudo o que eu tenho a dizer.
O delegado, descontrolado e revoltado, pegou um pedaço de pau para dar na cabeça dele, mas Matias, esperto, em questão de segundos, percebeu a necessidade de mudança de estratégia. Segurou o braço do delegado e, chamando-o a um canto, orientou:
– Melhor mudar a técnica para obtermos as informações. Esse negro sabe mesmo. Ele é esperto e pode estar tirando proveito disso, mas, pense, não podemos perder mais tempo. Se ele de fato conhece cada detalhe da fuga, ainda lograremos sucesso. Deixe comigo.

Contrariado, pois não era homem de se deixar levar por conversa de malfeitores, segundo sua mentalidade, o delegado aceitou.

– Quais são suas condições, Serafim? – inquiriu de forma dura, mas clara, o feitor.

– Senhor, sei para onde foi cada um. Eu fui incumbido de buscar sua mulher em seu quarto. Ela foi obrigada a ir com eles. Minha única condição poderia ser minha liberdade, mas sei que nem o senhor nem ninguém pode ou fará isso. Então proponho que eu fale junto ao sinhozinho a fim de que não me venham a torturar e que meu amigo, esse piá que está aí quase morto, seja tratado, e ninguém toque mais nele.

– Insolente! – gritou mais agressivo do que nunca o cruel delegado.

– Calma – disse Matias ao policial. – E se você estiver mentindo? – perguntou ao fugitivo.

– O senhor sabe que não estou, mas siga minhas instruções e me mantenha preso na fazenda se assim quiser; enquanto isso, vá atrás deles, aqueles que compensam, pois muitos já alcançaram os seus objetivos. Em seu retorno, se ficar provado que eu menti em uma informação que seja, pode me matar ou fazer o que quiser.

– Vou confiar em você. Iremos para a fazenda agora. É bom que não esteja mentindo porque, caso esteja ganhando tempo, eu o entregarei novamente à polícia.

– O senhor não irá se arrepender. Quanto antes me ouvir, mais rápido vai recuperar sua mulher e pelo menos alguns fugitivos.

Revoltado com o possível sucesso de Matias, o delegado se sentia um idiota completo, o que não deixava de ser verdade, pois só conhecia a crueldade em suas ações, e o feitor mostrara-se bem mais inteligente e astuto. Ele resmungou irritado:

– Isso é uma grande besteira!

– Preciso dessas informações – retrucou Matias. – Já fui estúpido demais por não ouvir as pessoas.

– Pode levar os presos, mas depois não me venha com reclamações, caso tudo isso seja uma farsa, como parece.

– Deixe comigo. Algo me diz que ele sabe, sim, dos fatos. Disse coisas que nem eu tinha conhecimento e que faz sentido. Iremos esclarecer isso, mas vocês, pelo menos, prossigam nas investigações. Estou tomando medidas visando consertar onde errei. Não pense que tenho dó desses fugitivos. Só penso que o momento requer calma e paciência para encontrar a solução do problema.

O delegado deu de ombros. Sentira-se humilhado. Matias demonstrara mais tato no trato com a questão.

Serafim fora extremamente ladino. Suas palavras foram cuidadosamente estudadas pois procurava atingir o lado mais vulnerável do feitor que era sua mulher. Soubera, ao buscá-la, que estava grávida, ela revelou o fato a ele no caminho. Tinha a seu favor a vantagem de conhecer cada passo daquele projeto. Ademais, não pretendia dar a vida em favor daqueles que o abandonaram na fuga. Serafim não era um ser qualquer. Fora educado na Nação Rebolo para liderar, para guerrear.

Embora não lhe dessem o devido valor, como ser humano era muito mais inteligente e esperto que todos os outros juntos, e trazia dentro de si algo raro para aqueles tempos: bondade na alma. Sabia ser generoso com os derrotados. Vivera no Sul algumas experiências quando envolvido nas revoluções tão comuns à época. Era um homem de caráter.

CAPÍTULO XV
CAÇADA IMPLACÁVEL

– SUA MULHER foi praticamente sequestrada por Maurício e seguiram na direção de São Paulo. Junto a eles, como mencionei antes, rumou naquela direção, também, Ubaldo.
Estarrecidos, Paulo e Matias ouviam a conclusão do depoimento de Serafim.
O escravo contou em detalhes toda a trama que antecedera a fuga. Claro que a parte onde mencionara "sequestrada" teve o objetivo de mexer com os brios do feitor e ganhar sua simpatia. Necessário era estabelecer uma certa cumplicidade para assim valorizar mais ainda sua delação.
Inteligente, ladino e observador, sabia fazer o jogo de cada um.
Até ali, com tantas preocupações, ninguém notara a ausência de Ubaldo. Pessoa comum entre os trabalhadores da fazenda, com tanta agitação, passava despercebida sua ausência.

Inteirados dos fatos de maneira minuciosa, agora cabia a Paulo e Matias agirem.

– Senhor Paulo – anunciou o feitor com voz grave – partirei ainda hoje em busca desses dois malfeitores. Agora, mais do que nunca, quero ir, principalmente em socorro de minha mulher. Não posso perder um segundo sequer.

– Penso que hoje pouco vai adiantar em razão do avançado da hora, – respondeu o fazendeiro. – Quanto ao meu apoio quando afirmei não investir mais nada nisso, mudei de ideia. Vou ajudá-lo. Sugiro que contrate dois capitães--do-mato para apoiar você nessa missão.

– Nem precisa! Não fosse capaz de vencer um covarde e um escravo, que raio de homem seria? – Matias agora ficou emburrado.

– Matias, – Paulo acentuou de forma decisiva e com autoridade, mas também demonstrando a necessidade de usarem racionalidade e inteligência – não seja cabeça-dura! Você muitas vezes se dá mal pela arrogância e teimosia. Se atentou bem para as palavras desse escravo e se você gosta de fato de Maria Auxiliadora, não percebe que tanto ela quanto seu filho correm risco de morrer? Estamos enfrentando pessoas armadas e dispostas a tudo. Escravos em fuga, com toda a certeza, haverão de preferir a morte a terem de voltar para cá. Além do mais, quem garante que não possa haver mais pessoas com aquele grupo? Assim, reitero o que disse e exijo que contrate dois bons auxiliares, gente esperta, que será de extrema importância para o sucesso de nossos projetos.

– Sim, senhor! A decisão é sua e nem tenho como discordar, uma vez que todos esses problemas ocorreram por falha minha.
– Conheço um capitão-do-mato descendente de indígenas – declarou mais calmamente o patrão. – Dizem que até o cheiro de fugitivos o homem percebe no ar quando em suas caçadas, conhece cada palmo do terreno por essas bandas e fareja mais que um perdigueiro.
– Eu sei, é Bugre. Realmente dos melhores que existem por aqui, mas o preço dele é bem alto.
– Pague o que o homem pedir! – Paulo foi firme e decidido.
– Vou já para a Vila me acertar com ele e, dentro das possibilidades dele, partiremos hoje mesmo.
– Ótimo! Faça as coisas de forma correta, sem deixar a questão emocional falar mais alto. Graças a sua estratégia na investigação, diga-se de passagem excelente, temos agora os fatos esclarecidos – comentando isso, Paulo bateu amigavelmente no ombro de seu feitor, e este se sentiu valorizado. Há muitos dias estava com a moral rastejando.

Serafim foi reintegrado nas lidas da fazenda enquanto Silvestre ficava aos cuidados de um barbeiro-cirurgião que Paulo contratara para visitar regularmente a fazenda e cuidar da saúde dos escravos e funcionários.

Não foi possível a partida de Matias naquela segunda-feira tumultuada. Bugre estava concluindo um trabalho e propôs ao feitor partirem na terça pela manhã.

Não havia como recusar a mudança de planos. O índio era presença indispensável na missão.

O sol nem bem nascera no dia seguinte, e o grupo de caçadores já estava a postos, saindo da Pombal. Além de Matias e de Bugre, um outro caçador de recompensas compunha a equipe.

Antes de sair para a estrada, os dois caçadores pediram ao feitor que os levasse ao local de onde partiram os fugitivos.

Apesar do tempo relativamente longo da fuga, cerca de 3 dias, Bugre examinou meticulosamente como era de seu feitio, cada detalhe do terreno. Os outros dois nem desceram dos cavalos a pedido do próprio índio. Quanto menos movimento no local, melhor para ele captar cada pista, dissera.

Decorridos longos minutos para os dois que aguardavam, Bugre informou:

– A maioria foi naquela direção – disse acertadamente, apontando o rumo em que Fernando e seu grupo seguiram.

Matias, que já tinha essa informação por parte do delator, não dissera nada ainda a respeito ao caçador. Só perguntou:

– Consegue saber com tanta precisão mesmo depois de tantos dias?

– Naquela outra direção – disse apontando para onde foram Pedro e Henrique – seguiram dois cavaleiros.

Sequer respondera ao feitor porque era de seu feitio falar somente o necessário.

– Pelo que você me disse – dirigiu-se ao feitor – pretende ir nessa direção? – apontou para o sul.

– Pelas informações do delator, o chefe da fuga foi por ali e sequestrou minha mulher. É para lá que vamos! Já perdemos muito tempo! A caminho – ordenou Matias.

Cavalgaram poucos metros quando, logo à frente, num aclive, Bugre sinalizou para que parassem. Com olhar atento como um lince, percebera pelos primeiros raios de sol o reflexo de algo brilhando na margem da estrada. Apontou para os companheiros e dirigiram-se para lá.

– Uma espingarda! – gritou o outro capitão-do-mato.

Matias pegou a arma e, de pronto, reconheceu como sendo da fazenda, pois trazia a marca na coronha.

– Na fuga perderam uma das armas – concluiu o feitor.

– Melhor para nós, pois começamos com sorte. Essa poderia ser a arma que nos tiraria a vida.

O escravo trapalhão que deveria seguir com o grupo de Fernando, apavorado que ficou no momento do tiro do vigia que matou Mudo, naquela balbúrdia que se estabelecera, acabou seguindo para o lado errado e, estando tão nervoso, perdeu a própria arma. Naquele momento, nem dera por conta. Foi perceber muitas léguas adiante, quase no final do dia.

Mais um trecho da marcha, e o esperto Bugre descobriu outra perda dos fugitivos. Viu um pano espetado num arbusto. Aproximou-se e, retirando o tecido, mostrou-o ao feitor.

– É um lenço de cabeça de Maria Auxiliadora – disse Matias.

Reconheceu de imediato. Sentiu até o perfume da mulher amada ainda presente no tecido. Isso fez que aumentasse ainda mais a sede de ir a toda velocidade em busca daquela que prendera seu coração.

Dessa forma, e com o pensamento de reduzir ao máximo a distância que os separava dos fugitivos, cavalgaram a terça-feira o dia inteiro e boa parte daquela noite.

Progrediram bastante se comparados aos que fugiam. Estes tinham as dificuldades próprias de levarem uma mulher grávida, que, embora em início de gestação, tornava a fuga bem mais lenta. Não bastasse isso, ainda havia as constantes discussões da gestante com Maurício, que, tão logo soube da novidade, tornara-se mais taciturno com a forte ideia de que fora ludibriado pela namorada.

Maria, sempre esperta, arrumando saída para tudo, dissera ser dele o filho, mas o escravo não era tão ingênuo assim, recusando-se a aceitar essa versão. Não tinha certeza de nada quanto a isso e, dessa maneira, o conflito em sua mente o perturbava muito. E se a tão amada mulher tivesse levando no ventre um filho do feitor?

Somando a tudo isso, percebera em Ubaldo um excesso de atenção com a mulher. O ciúme envenenava o coração de Maurício.

O clima entre os quatro fugitivos ia de mal a pior.

Naqueles três dias de fuga, só agora alcançavam o Arraial de Pouso Alegre.

Matias e os dois caçadores se aproximavam mais e mais dos fugitivos. Pelo progresso cada vez maior dos perseguidores, em pouco tempo os alcançariam.

– Melhor parar por aqui se quiser preservar os cavalos – disse Bugre no amanhecer da quarta-feira.

– Não podemos perder tempo ou perderemos os fugitivos – Matias foi taxativo.

– Chefe – disse com cuidado o índio – sei que suas ordens é que contam, e para isso obedeço, mas nossos animais estão no limite. Melhor perder um tempo para eles descansarem. Recuperados desse desgaste, vão nos render bem mais.

Matias coçou a barba pensativo, mas concordou com Bugre. Não fosse o índio, pensava, com tantas coisas boas que descobriu pelo caminho em relação aos fugitivos, talvez nem conseguissem estar na rota certa. Bugre era ótimo nisso. Aprendia muito com ele nessa missão.

Dessa forma, naquela manhã, descansaram à beira de um riacho, onde os animais tinham água à vontade e uma boa pastagem.

Por sua vez, para não despertar suspeitas na população, ou nos viajantes que encontravam pelo caminho, o grupo dos fugitivos, que ia à frente, adotara a estratégia de colocar Ubaldo como o condutor dos três escravos que seriam entregues em São Paulo.

Assim, ao passarem pelas tabernas do caminho, a imagem que deixavam era essa.

Como não conhecessem nada do caminho, precisavam constantemente de paradas e pedidos de informações. Nesses momentos, a mando de Maurício, Ubaldo se transformava no líder do grupo. Claro que tão logo reiniciavam a caminhada, Maurício reassumia e ditava as regras.

Possuíam duas armas de fogo. A de Maurício, que, além da espingarda, trazia consigo três inseparáveis armas brancas: uma peixeira por dentro de um gibão para não ficar à vista, um punhal por dentro da bota e um facão de mato, encaixado na sela de seu cavalo.

Ubaldo tinha a outra espingarda.

Não haviam notado se o escravo trapalhão trazia arma na saída. Nem todos tiveram acesso às armas. Assim deduziam que ele era daqueles que não receberam arma.

Ele também nem foi bobo de comentar que sua arma sumira. Sabia que Maurício o castigaria pela falha imperdoável.

Seja pelas dores, pela fome que muitas vezes a incomodava, pelo desconforto de estar vários dias num lombo de cavalo, Maria era a mais alterada no humor.

Percebia-se claramente que também era a mais arrependida de estar naquela aventura.

Constantemente, em suas elucubrações, ela se perguntava por que tinha se metido nisso.

Poderia estar agora no conforto da fazenda, onde era escrava, é verdade, mas tinha Sinhana a protegê-la e Matias a venerá-la.

Novamente tomara a decisão errada.

Por que não delatara tudo ao feitor? Certamente ele entenderia a posição dela e até cairia mais nas graças dele. Agora, se a encontrasse, certamente a mataria.

Como refletia agora nas palavras de André! O que a esperaria lá na frente? Isso, se escapasse com vida daquela situação difícil.

Ah, se pudesse voltar no tempo...

A cada nova parada, o desejo de fazer sua própria fuga. Sozinha, acharia mais facilmente o seu caminho.

Quem sabe Ubaldo...

Notara o desejo do moço desde há muito tempo. Soubera da surra que ele levou do feitor. Aquela passagem a divertira muito em seu espírito leviano e descompromissado.

Mas, como as consequências sempre chegam, essa conta também viria. Uma pena que sua pobreza de espírito não a deixava perceber que tudo isso era culpa exclusiva de seu comportamento.

Também os obsessores não lhes davam tréguas. Eram muitos, em decorrência das constantes reincidências em faltas nessa existência e em tantas passadas.[6]

---

6. **Nota do médium:**
"... Bem, diga então às mulheres que não se iludam a respeito da beleza e fortuna, emancipação e sucesso... Isso dá popularidade e a popularidade é um trapézio no qual raras criaturas conseguem dar espetáculos de grandeza moral, incessantemente, no circo do cotidiano."
Depoimento de Marilyn Monroe alguns anos após sua desencarnação, no Memoriam Park Cemetery, quando, em uma visita de Francisco Cândido Xavier àquele local, foi a atriz questionada pelo espírito Humberto de Campos. Esse é um pequeno trecho das elucidações de Marilyn Monroe quanto aos desenganos da vida.
XAVIER, F. C. *Estante da vida*. Pelo espírito Humberto de Campos. Cap. 1 Encontro em Hollywood. Brasília: FEB.

CAPÍTULO XVI

RASTROS DE ÓDIO

DESCANSADOS, COM OS animais bem alimentados, os três perseguidores se sentiram aptos a prosseguir na caçada aos fugitivos.

O terreno sempre acidentado, o próprio relevo das Minas Gerais, com constantes montanhas, prejudicavam extraordinariamente o progresso da missão dos três algozes. Naquelas horas paradas para o refazimento, debateram essas dificuldades que tanto atrasavam a marcha.

Bugre, mais uma vez, tranquilizou os outros dois afirmando que o mesmo terreno que os prejudicava com toda certeza estaria afetando bem mais o grupo que fugia.

O palco das ações era o mesmo, segundo observara, e assim tudo se igualava, mas os desertores na certa, deduzia, estariam em piores condições. Os fugitivos eram inexperientes nessas situações se comparados com os dois capitães-do-mato, levavam uma mulher numa situação que também atrasava a fuga. A prova maior, dizia, é que um elemento do grupo conseguira perder a própria arma. O que esperar disso? O índio terminou em tom de confiança demonstrando que a missão deles não estava de todo desfavorecida.

Antes preocupado, Matias retomava agora a marcha em busca de seu objetivo e, refletindo nas palavras do caçador, entendia que realmente a situação até que era boa. Olhando adiante, notou que havia um longo trecho em declive, conforme recebera informações de viajantes que encontravam. Estavam finalmente na direção da Vila de Pouso Alegre.

Em contrapartida, o grupo que fugia encarava agora uma interminável escalada.

O estresse era também um perigoso inimigo desse grupo que seguia adiante.

Sobe morro, desce morro, isso já estava levando os quatro elementos ao limite do desgaste físico e mental.

Enquanto isso, os três cavaleiros, após desfrutarem do descanso, progrediram muito e, no final daquela tarde, chegaram ao Arraial de Pouso Alegre.

Nova parada para se alimentar e, quem sabe, novo descanso, porque a noite se aproximava.

– Talvez fosse melhor a gente se informar por aqui a respeito dos fugitivos – disse Bugre ao feitor.

– Paremos naquela taberna – respondeu Matias, indicando o estabelecimento. – Por estar à beira da estrada, com toda certeza conhece todo o movimento que ocorre.

Assim, deixaram os cavalos aos cuidados de um ferreiro, pedindo a ele que os alimentasse e revisasse todo o equipamento, reparando o que fosse necessário.

– Sim – respondeu o taberneiro à pergunta de Matias – passaram por aqui. Um condutor acompanhando os três escravos, dois homens e uma mulher.

– Quantos cavalos?

– Três. A escrava estava na garupa da montaria de um dos escravos. Mas quem são vocês?

– Estamos à procura deles. São todos escravos. Fugiram de minha fazenda.

– E o senhor vai pessoalmente à procura? – e ainda completou apontando para os dois que acompanhavam Matias:

– Não bastam os dois capitães-do-mato?

Matias sentiu uma ponta de irritação por ter de dar explicações a um taberneiro, mas nesse momento precisaria de muita calma e habilidade no trato com as pessoas a fim de conseguir o maior número possível de informações.

– O prejuízo foi grande, e nesses casos prefiro acompanhar de perto. E quando passaram por aqui?

– Pousaram de ontem para hoje e viajaram bem cedo, antes do sol nascer.

– E foram em que direção?

– Pelas informações que pediram, estão indo para São Paulo.

– Pra mim eles vão para São Gonçalo, interveio um cidadão que ouvia a conversa de uma mesa próxima.

– E qual é a direção para São Gonçalo? – Matias continuou interrogando o taberneiro.
– Não ligue para Chico – falou com a voz mais baixa – esse é um bêbado que nada sabe.
– Mas...
O taberneiro nem deixou Matias concluir.
– São Gonçalo é noutra direção. Oposta à direção de São Paulo. Te digo mais, se bem andaram, já deixaram para trás até o Arraial de Camanducaia.
– Qual a distância daqui até lá?
– Dez a doze léguas, se tanto. Já foi naquela direção alguma vez?
– Não.
– Então prepare-se bem, porque a serra é brava.
– Está bem. Veja alimentação e bebida para nós.

O feitor chamou os dois caçadores, que se acomodaram numa das mesas, e foi deixando-os a par da conversa.

– Estamos bem perto dos fugitivos.
– Pretende seguir viagem mesmo à noite? – perguntou o outro capitão-do-mato, cujo nome era Alfredo.
– Homem, agora, que estamos tão próximo, é o momento.
– Concordo – interveio Bugre – mas atente para o fato de que, por não conhecermos o caminho, poderemos perder mais tempo caso tomemos uma direção errada.
– Você, Bugre – respondeu Matias – tem o faro e o conhecimento das matas e estradas. Isso não vai ocorrer. – E

concluiu: – E depois, temos uma lua que mais parece um sol nessas noites.
– E o bêbado? O que você achou do palpite dele? – Alfredo interrogava o feitor demonstrando que acompanhara parte da conversa.
– Como disse o taberneiro, isso é conversa de bêbado. Provavelmente nem sabe onde ele mesmo está.

Naquele momento, o taberneiro chegava com a comida para os famintos perseguidores.

Alfredo gostou da cachaça, que já tinha experimentado várias vezes, e preparava-se para mais um copo, no que foi advertido pelo feitor:
– Não abuse, homem! Nossa jornada não será nada fácil. O trecho do caminho que nos espera logo à frente será nosso principal inimigo.

A noite já cobria o vilarejo com suas trevas quando os três viajantes, satisfeitos, voltavam para a estrada.

Agora era a lua por principal aliada na busca implacável dos desertores.

Cavalgaram por algumas horas quando chegaram a uma bifurcação.
– E agora? Que direção seguir? – Matias inquiriu o astuto Bugre.

A estrada batida seguia para a direita, mas na direção oposta a outra estrada não era menos convidativa, pois se percebia que era muito utilizada.

– Aqui, chefe – respondeu o índio – não temos opção. Qualquer escolha nos dá impressão de retorno. O certo seria seguir em frente, mas com esse matagal...
– Qual é a lógica a seu ver para alguém que vai na direção de São Paulo?
– Deve existir à frente, pelo extenso matagal, algum obstáculo como um rio ou pedras intransponíveis, o que seria fácil de perceber durante o dia e aí qualquer dessas duas direções serve para fazer o contorno. Isso é o que eu imagino.
– Se São Paulo está na direção sul, é possível que, indo pela esquerda, contornemos mais facilmente o que nos impede de seguir em frente, e lá adiante retornaremos à linha reta – ponderou Alfredo.
– O raciocínio do companheiro está correto, chefe – afirmou Bugre. – Vejo pelas estrelas – disse apontando para o Cruzeiro do Sul – que não podemos fugir muito dessa rota.
A técnica de se orientar pelas estrelas o índio conhecia bem pelas suas vivências nas matas.
– Então, iremos pela esquerda – determinou o feitor – assim daremos uma chance à conversa do bêbado. São Gonçalo fica sempre para a esquerda segundo o taberneiro, e São Paulo sempre em frente. Como não se pode ir em frente e nosso informante não trouxe nenhum esclarecimento quanto to a essa bifurcação, tentemos esse palpite.
Seguiram noite adentro após essa breve perda de tempo. Andaram cerca de duas léguas e, sentindo que retrocediam demais, concluíram que o melhor seria parar e abordar

algum morador daquelas raríssimas propriedades que iam encontrando pelo caminho. Uma escolha perigosa, pois, naqueles tempos, bater à porta de alguma casa naquele horário da noite não era nada aconselhável.

Pararam próximo à entrada de uma pequena casa situada bem à beira da estrada.

Os cachorros daquela casa latiam sem parar. Bateram palmas. Como demorasse vir alguém, embora receosos dos riscos, não tinham outra escolha: insistiram.

Atrás de uma janela semiaberta, com a espingarda à mostra e mantendo os cavaleiros na mira, um homem gritou de forma ameaçadora:

– O que querem?
– Somos de paz, homem! Só estamos perdidos! – Matias falou receoso, mas com a voz firme e clara.
– Que direção procuram?
– São Paulo!
– Estão muito fora da rota.
– Como seguir na direção certa? Por onde devemos ir?
– De onde vocês estão vindo?
– Pouso Alegre.
– Vocês desviaram para a direção de São Gonçalo. Agora restam duas escolhas. Voltem pelo mesmo caminho que vieram e, na altura de Pouso Alegre, tomem o caminho reto. Ou podem seguir em frente e, daqui meia légua, virem para a direita. Sigam em frente por umas duas léguas e meia e, quando chegarem a uma enorme taberna, virem à esquerda

e sigam em frente. Sempre na direção de Cambuí. Cambuí! – o homem gritou dando bastante ênfase à orientação. – Essa é a certeza de se manterem na direção de São Paulo. Lá é só se informarem.

– Muito obrigado – respondeu Matias aliviado.

– E mais um conselho, insistiu o morador, não fiquem batendo à porta a essa hora, pois têm ocorrido muitos roubos por escravos fugidos e há grandes possibilidades de serem confundidos e até atirarem em vocês.

– Tá certo, senhor! Ficamos agradecidos pelo conselho.

A pequena comitiva se despediu e seguiu adiante e, obedecendo as orientações do prestativo senhor, em pouco tempo estavam de volta à rota correta.

Viajaram sempre enfrentando um ou outro incidente até o amanhecer.

O objetivo estava logo ali. Quase ao alcance das mãos.

A subida para Camanducaia seria crucial para o sucesso dos perseguidores.

Dessa forma, o relevo seria o fiel da balança na luta que vinha de muitas existências entre o feitor e seu oponente.

CAPÍTULO XVII

MEU ÓDIO SERÁ SUA HERANÇA

A NOITE FORA agitada ao extremo para os três homens que seguiam na busca dos fugitivos. Mais de uma vez se perderam na cavalgada. As condições da estrada não eram também favoráveis. Trechos barrentos naquela estação de verão, com chuvas quase que constantes. Desvios obrigatórios que impediam trafegar pela estrada normal e aí muitas vezes seguiam por verdadeiras trilhas num relevo hostil aos viajantes; quando não, era o trecho escarpado e escorregadio, a própria vegetação ainda inexplorada também funcionava como uma armadilha.

De qualquer forma, na avaliação deles, a missão estava indo muito bem, principalmente em razão dos conhecimentos de Bugre, que trazia na alma indígena uma perfeita sintonia com a natureza.

Outro fator que se poderia apontar para o sucesso do empreendimento era a perseverança do feitor. Desde o momento em que soube do estado em que se encontrava Maria Auxiliadora, grávida e sequestrada, ainda que essa última condição tivesse sido colocada pelo depoimento falso de Serafim, Matias agora não mediria sacrifícios para resgatar sua amada. Despertava nele o verdadeiro amor, ainda não admitido em razão da dureza de sua alma.

Completando o trio, Alfredo era como uma segunda voz numa dupla musical. Aparentemente sem destaque, acabava fazendo todas as tarefas secundárias. Dessa forma, dava o suporte necessário para que os outros dois desenvolvessem suas ideias.

Logo que chegaram a Cambuí, procuraram um local apropriado onde pudessem recuperar as forças, não só deles, mas também dos animais, em razão da longa noite desgastante que tiveram.

Agora estavam prontos para fazer a arremetida final, a exemplo de um alpinista na busca do cume da montanha.

Naquelas condições, não era muito diferente a comparação.

Literalmente, a escalada daquele trecho da Serra da Mantiqueira os aguardava. Com toda a sua beleza, ainda quase virgem, a montanha era um desafio para todos os viajantes que pretendessem atingir suas partes mais elevadas.

Teriam de fazer por merecer contemplar a natureza exuberante lá de cima.

Quem não o merecia pelo jeito era o grupo dos quatro fugitivos. A convivência com as dificuldades cada vez maiores de Maria Auxiliadora, completamente exausta e constantemente irritada, causava uma grande desarmonia. Verdade seja dita: harmonia real entre eles nunca existiu, à exceção dos raros momentos de relacionamento entre o casal no recente convívio ainda na fazenda. No entanto, agora até entre ambos o convívio se tornou bastante estremecido.

Maurício sentia uma insegurança enorme só de pensar que o filho que Maria trazia no ventre poderia ser de seu pior inimigo. Como já sabemos, ela mentira para o rapaz garantindo ser dele o filho. Não poderia ser de outra forma para uma pessoa manipuladora como era ela.

Maurício, todavia, enfrentava a situação com muita desconfiança e mantivera-se bem reservado. Na sua mente havia uma quase certeza de que aquele bebê não era seu filho. Estava praticamente livre de sua condição de escravo, mas tornara-se prisioneiro de uma situação insólita.

Para termos uma ideia de como os fugitivos viviam em estado de conflitos permanentes, atentemos para a comparação do progresso no deslocamento de cada grupo.

Os que vinham atrás haviam vencido o trecho de Pouso Alegre a Cambuí em cerca de 8 horas, mesmo com os percalços, viajando à noite, na madrugada, cansados, perdendo-se inúmeras vezes, ou seja, numa situação extremamente limitada quanto às condições que iam encontrando.

Enquanto isso, o grupo em fuga saíra bem cedo do dia anterior, conforme relatara o taberneiro, e, viajando à luz do dia, levou quase o dobro de tempo para chegar ao mesmo destino.

Claro que os integrantes desse último grupo, viajando com o sol causticante de dezembro e sendo surpreendidos pelas tempestades de verão, também eram maltratados por certo incômodo, mas o ritmo deles era muito lento.

Há que se acrescentar também o fato de que todos se sentiam livres e seguros tão logo se afastaram da Pombal nas duas primeiras léguas. O problema deles era a discórdia, o individualismo, a desconfiança que cada um carregava em relação ao outro.

– Maurício, quero ficar por aqui – disse, cansada, Maria Auxiliadora.

– Nunca! – ele respondeu irritado. – O que faria uma negra neste povoado? Não vê que a liberdade também tem preço?

– Não consigo mais! O repouso da noite me fez bem, mas sinto que preciso de alguns dias para me recuperar totalmente.

– De jeito nenhum! Agora que deixamos para trás uma vida de sofrimentos, você vem com essa? Logo estaremos em São Paulo. Aguente firme!

– Não vou conseguir – respondeu desanimada. – Não aguento mais esse sacolejar dos cavalos. Vê meu estado? – disse aos gritos. – Não tem dó de seu filho?

Isso mais irritou Maurício, que se limitou a olhar com toda a raiva para a moça.

Ubaldo interveio:

– Maurício, posso ficar com ela por dois dias, depois alcançamos vocês.

Aquelas palavras caíram como soco no escravo. Ele vinha observando que o traidor andava cheio de atenções com Maria. Cerrou os dentes, controlando-se para não agredir Ubaldo e disse:

– Ninguém pediu sua opinião! Se você quer ficar ou tomar outro rumo, que o faça! Cuide da sua vida! Por que eu confiaria em você?

– Porque, não fosse eu, vocês ainda estariam cativos na fazenda – a resposta, de forma irônica, deixou Maurício a ponto de se atirar contra o interlocutor.

– Sei! – agora Maurício partia para a humilhação. – Quem trai uma vez trai sempre! Uma vez covarde, sempre covarde!

Os ânimos estavam exaltados ao máximo. Sobravam a fibra e determinação de Maurício para lutar pela liberdade. Seu orgulho era muito forte para suportar tudo aquilo e muitas vezes pensava em deixar todos para trás e partir sozinho. Mas nunca daria o gosto de deixar a mulher para o novo inimigo.

Assim, o sentimento de ciúmes do escravo mudara de Matias para Ubaldo.

O feitor estava morto, e, quando pensava que se livrara de um rival, vinha agora esse covarde. Na realidade, os ciúmes eram infundados porque Maria nunca dera confianças a Ubaldo.

Compreendia as limitações de Maria Auxiliadora, mas, se ao menos fosse somente o casal, até que aceitaria a ideia de permanecer algum tempo ali; porém, fugitivos que eram e ainda com o agravante de ter junto a eles um escravo bem atrapalhado e Ubaldo que, provavelmente delataria até a própria mãe, melhor não correr riscos desnecessários agora que eram livres.

No princípio até torceu para que os dois elementos buscassem seus destinos por conta própria, mas percebeu que Ubaldo fora com eles no intuito de evitar os quilombos, mas para isso bastaria ter seguido Pedro e Henrique. Sabia que o interesse maior dele era sua amada. Ele que não se aventurasse por esse caminho, que não hesitaria em matá-lo. Sabia que um crime assim não valeria a pena para a situação dele, que já era suspeito e de certa forma dependia momentaneamente do próprio inimigo, que nas paradas para informação se passava pelo dono dos supostos escravos.

Quanto ao outro escravo, via que ele era muito dependente. Não tinha como se livrar dele e até sentia pena do rapaz.

Assim, com vontade ou não, disposta ou não, Maria teria de seguir na fuga.

Nesse clima, os quatro saíram cedo para a estrada e logo começavam a subida no trecho da hoje conhecida como Serra de Camanducaia.

O descanso dos perseguidores foi rápido. Três ou quatro horas de sono foi o bastante.

Despertaram bem depois que os fugitivos tinham partido. Fizeram novo reforço na alimentação para um suposto dia muito longo.

Naquela noite havia chovido muito, e o dia nasceu com um sol forte, que, combinando com a bela paisagem mineira, ia secando as folhas das matas proporcionando um brilho maior ainda ao espetáculo verde daquela floresta quase virgem.

No começo da subida da serra, cruzaram com viajantes que desciam em sentido contrário. Sinalizaram para um pequeno grupo pedindo que parassem.

– Bom dia! – disse de forma bem amistosa Matias – os amigos por acaso viajam de muito longe?

– Nem tanto – respondeu um mais comunicativo – estamos vindo da divisa com a província de São Paulo. Fica a umas dez léguas daqui.

– E por acaso cruzaram com três cavaleiros, um deles levando uma mulher na garupa?

O cavaleiro ajeitou o chapéu, olhou para um dos companheiros de viagem e respondeu:

– Valdomiro, há quanto tempo vimos aqueles três, que até achamos estranhos, lembra?

– Sim, e como não lembrar?! – respondeu o interpelado. Um negro com uma mulata na garupa parecia liderar um grupo e era seguido por um branco com uma espingarda e mais atrás outro, que deveria ser escravo deles.

– E há quanto tempo foi isso? – Matias reforçou a pergunta do outro viajante.

– Acredito que cruzamos faz uma hora, se tanto.

–Obrigado, amigo – Matias sorriu satisfeito pela primeira vez na viagem, e concluiu: – Boa viagem, amigos!

Eles partiram com a certeza de que aqueles três eram capitães-do-mato.

– Finalmente! – disse Matias, que não via a hora de abordar os fugitivos e ordenou aos dois caçadores: – Vamos apertar o passo!

– Tenho uma ideia – disse Bugre. – Um de nós vai à frente assim que os avistarmos. Dessa forma, iremos capturá-los com facilidade. Aquele que for à frente, tão logo passe por eles, retorna de encontro a nós e assim armamos uma emboscada.

– Perfeito! – Matias respondeu aprovando.

– Posso ir à frente – disse Alfredo.

– Melhor mesmo que seja você. Bugre é muito conhecido, e Ubaldo poderá perceber.

Seguiram a galope e, em pouco tempo, avistavam os fugitivos.

Conforme haviam combinado, nessa hora Alfredo disparou em seu cavalo e logo ultrapassava o grupo, que seguia muito lentamente.

Logo atrás, cautelosamente, vinham os dois e tão logo se aproximaram, Alfredo fez meia volta e veio ao encontro. Num plano mais alto, tinha uma visão privilegiada do desenrolar da marcha tanto de um quanto de outro grupo.

Camuflado por uma enorme árvore à beira da estrada, observou o aproximar cauteloso dos dois amigos pela retaguarda dos fugitivos e, quando tinha uma distância segura, apareceu dando o aviso:

– Alto lá! Parados e com as mãos para o alto, se não quiserem morrer.

Imaginando tratar-se de assaltantes de estradas, Maurício tentou puxar sua espingarda, quando ouviu logo atrás uma voz inconfundível:

– Nem tente isso, negro! – era a voz de Matias. – Está na minha mira, e eu pretendo levá-lo com vida. Só depende de você. Jogue essa arma no chão!

Maria tremeu ao ouvir aquela voz e, num fio de esperança, imaginou que poderia ser a sua salvação. Porém, logo a realidade lhe desmanchou o sonho ao lembrar que sua ação fora uma traição ao feitor, apesar de ter salvado sua vida, mas ele jamais acreditaria nisso.

– Como ele está vivo? – a pergunta de Maurício soou como um punhal penetrando o corpo da moça.

O medo e a falta de argumentos muitas vezes trazem respostas e reações inesperadas.

– E eu é que sei? – respondeu de forma agressiva ao escravo.

– Você também é traidora!

Sorte da moça que as ações se desenvolveram muito rapidamente sem deixar nenhuma chance de diálogo.

Rapidamente Bugre amarrou Ubaldo e o outro escravo, sob a mira da arma de Alfredo.

Matias dirigiu-se ao líder ainda montado em seu cavalo.

– E então, negro? Não basta fugir covardemente e ainda rouba uma escrava? Desce do cavalo, seu verme! Não é homem, não?

Maurício sentiu como se tivesse levado um tapa na cara. Preparou-se para apear de seu cavalo, mas o fez calmamente. De olho em sua peixeira, enfiada ao lado do alforje, encarou o feitor olho no olho. Maurício era um bravo! Morreria, mas não engoliria mais esse desaforo. Numa fração de segundos, agarrou a arma e de um pulo só estava no chão. Matias, ao ver o escravo agora armado, deu um salto para trás. Como a reação do escravo foi rápida e inesperada, não haveria tempo de usar a espingarda.

– Deixe-o comigo – gritou Bugre. – Vou matá-lo, está na minha mira.

– Não! – Matias gritou muito alto. – Esse é um caso pessoal. Se o negro for homem suficiente para lutar de mãos limpas, não precisa atirar.

Maurício estacara com a peixeira ameaçadora.

Matias manteve a calma e tentou desestabilizar o escravo.

– E então, seu escravo covarde, não tem coragem de lutar com um homem de verdade? Certamente é homem só com uma arma – dizendo isso, Matias jogou a espingarda no chão.

– Vem de mãos livres, se é que sabe o que é isso.

Maurício atirou a faca de lado. Fora insultado além da conta. Ali agora estariam livres para decidir quem de fato era mais homem numa visão da época.

Engalfinharam-se numa luta nunca vista.

A princípio, Matias levava certa vantagem por ter um porte físico mais forte que o escravo. Este, cansado pela longa viagem desgastante, quase não raciocinava mais. No entanto, muita coisa ainda iria acontecer.

Maurício lembrou-se de seus tempos nas tribos africanas. Tinha muito de capoeira na juventude feliz, e Matias iria conhecer isso.

Golpes desconhecidos pelo feitor equilibraram a luta e, sob o olhar atônito dos dois caçadores, de Ubaldo, Maria e do outro escravo, era fácil perceber quem ganharia.

Para Maria seria um desfecho terrível. Com Maurício vencendo, não teria nada de bom a esperar, principalmente depois da última frase: "Você também é traidora".

Com Matias, quem sabe... Afinal ele não a censurara em nada e ainda dissera que Maurício a roubara. Não o sentira zangado com ela. Pelo menos, por enquanto.

Ubaldo torcia muito para Maurício. Não tinha a menor vontade de encarar o feitor. E sabia que ele o humilharia pela segunda vez.

O outro escravo, é claro, torcia para Maurício matar o feitor. Mas pensava: "E os caçadores?".

De qualquer forma, voltaria para a escravidão.

Quanto aos caçadores, era notório que preferiam dar logo um tiro em Maurício ainda que só para feri-lo a ter que passar aquele suspense angustiante. Todavia tinham de respeitar a ordem expressa do chefe.

Após muitos golpes e pontapés do negro, o feitor caiu ao solo com a boca e o nariz sangrando.

Os caçadores, atentos ao desfecho, observavam, mas certamente no momento crítico atirariam.

A luta parecia se encaminhar para o fim, pois Maurício, ao ver o inimigo praticamente derrotado, disse com toda a ira:

– Agora vou matá-lo, desgraçado! – num gesto rápido, virou-se procurando apanhar a peixeira que ficara caída num pequeno barranco, quase ao alcance das mãos.

Naquela rapidez com que as coisas se definiam, não daria para piscar os olhos para não perder nada. Bugre, rápido e experiente, sabia que era o fim do feitor e, antes que isso ocorresse, mirou em Maurício, pronto para disparar, mas foi interrompido por Alfredo, que, num esbarrão forte no índio, disse:

– Calma!

Bugre virou os olhos e não acreditava no que via. Num supremo esforço, o feitor levantara-se e apanhou uma vara de peroba, muito utilizada para fazer cabo de enxada. Quando Maurício virou-se para desfechar o golpe fatal, recebeu uma fortíssima pancada no braço direito, que portava a peixeira.

Aquele pedaço de madeira punha um fim na luta. A pancada fora de tal forma forte, que partiu o antebraço do escravo, e seu grito de dor ecoou por toda a serra. Estava derrotado e inutilizado para o resto da vida. Matias sentou-se numa pedra enquanto os caçadores prendiam Maurício, que ainda gritava de dor. Com os ossos partidos, não conseguiria sequer subir num cavalo.

Arfando, Matias disse aos dois companheiros:

– A missão de vocês está concluída na primeira parte. Levem os dois escravos de volta. Quanto a esse covarde, – apontou com toda raiva para Ubaldo – eu gostaria muito de matá-lo aqui mesmo, mas não vou sujar minhas mãos com um verme dessa espécie. Esse, vocês entreguem à polícia e expliquem bem que foi o causador de tudo.

Após orientar os dois, ainda voltou a falar de Maurício:

– Entrem no povoado de Cambuí e procurem um médico ou alguém que possa colocar uma tala no braço desse homem. O patrão não vai querer um escravo sem um dos braços. Por isso cuidem bem dele, e vocês receberão o pagamento conforme o combinado. Podem ir agora que da moça eu cuido.

Agora o modo com que Matias se referia ao negro era outro. Adquiriu respeito por ele, afinal levara uma surra como nunca lhe acontecera. Sabia que sua vitória foi um golpe de sorte.

Pela primeira vez na vida, esteve olhando a morte de frente.

O negro mostrara-se valente, mas sabia que o ódio que o escravo lhe devotaria dali para frente seria mil vezes maior que antes. Se soubesse...

Não só mil vezes maior, mas duraria quase dois longos séculos para ao menos aceitar a reaproximação com o antigo algoz.

Maria tremia de medo agora. O que será que o feitor queria dizer com a frase: "da moça eu cuido"?

EPÍLOGO

UM PRÁTICO QUE atendia em vasta região do sul da então província das Minas Gerais atendeu os dois caçadores de recompensa.
– Que foi isso? – indagou, espantado, assim que viu o estado do ferimento do escravo.
– É só um negro fugido. Precisamos recuperar o braço dele para que valha a pena ao seu dono tê-lo de volta e possa nos pagar a recompensa prometida – respondeu Alfredo.
O prático, que era abolicionista, foi rude com os dois caçadores uma vez que não tinha medo.
– Desamarrem o homem! – disse, irritado. – Não veem que ele nada pode fazer? E precisavam deixá-lo nesse estado? Até parece que o braço dele foi moído!
– O senhor não sabe o que diz – respondeu Alfredo, que era mais tosco. – Esse coitado, como o senhor diz, quase

matou o próprio dono e, caso venhamos a soltá-lo, pode matar até o senhor. Isso é uma fera bruta.

– Filho – disse carinhosamente ao escravo – vou cuidar de sua recuperação, que é coisa muito complicada, porém preciso de sua colaboração. Promete se comportar bem para que eu possa ajudá-lo?

– Sim, senhor! – Maurício falou de forma passiva.

– Soltem-no! – determinou o prático.

– O senhor não sabe com quem está mexendo! – Alfredo ia desfilar um monte de impropérios a respeito do escravo, mas foi interrompido de pronto.

– Se vocês querem o seu precioso dinheirinho no bolso, façam o que eu estou mandando ou retirem-se daqui!

Ele usou dessa estratégia pela experiência que tinha e sabia que os capitães-do-mato não iriam desafiá-lo, até porque era difícil encontrar alguém que fizesse o serviço que ele fazia. Era muito conhecido na redondeza em razão de sua elevada capacidade nos cuidados com doentes e feridos. Num tempo em que um médico no interior do Brasil era mais difícil de ser encontrado que água no deserto, sabia que os caçadores não tinham outra opção.

– Está bem, o senhor manda – concordou Alfredo sem alternativa. – Mas ficaremos com as espingardas na mira dele – concluiu.

Conforme ia cuidando do ferido, o prático ia conversando para descontrair.

– Que força foi essa que caiu sobre seu braço, filho?

Maurício, como já dissemos, era um valente, sem medo de quase nada. Mesmo sentindo uma dor insuportável que não se comparava nem de longe com os cruéis açoites que já recebera, naquele momento não tinha vontade de falar nada.

Como ele se mantivesse calado, Alfredo interveio:

– Isso é briga por mulher, senhor.

O prático, que era muito culto, disparou:

– Mulheres, mulheres... desde Troia elas fazendo os homens se matarem... Helena fez dois homens irem à guerra por amor a ela.

– Deve ser muito bonita – respondeu Alfredo. – É daqui do povoado essa Helena?

O prático soltou uma tremenda gargalhada ante a ignorância do caçador.

– Não, não. Helena era de outro povoado, que você não conhece.

E assim o médico improvisado, mas com muito talento, conseguiu recolocar os ossos fraturados na posição correta e, como fazia sempre, recomendou como os caçadores deveriam se comportar para que Maurício se recuperasse sem grandes sequelas. Ao próprio escravo, agora mais animado e sem tanta dor após a dor máxima que aguentou para acertar a fratura, o prático, a fim de que o trabalho surtisse efeito, deu todas as coordenadas na forma de como deveria se comportar por um bom tempo, para ocorrer a recuperação desejada.

De volta à estrada, os dois caçadores iniciaram a longa viagem rumo à Pombal, escoltando os dois escravos e Ubaldo.

Matias, tão logo despachou os dois, ao final da luta em que quase perdera a vida, aproximou-se do cavalo onde permanecera montada, imóvel, a amada e disse:

– Fiquei sabendo de tudo.

Ela estremeceu porque o semblante dele não era de agressividade, mas tampouco de carinho. Como conhecia a frieza do feitor nesses casos, iria começar a se explicar, mas ele sinalizou para que permanecesse calada.

– O escravo que conduziu você me informou que foi sequestrada por esses dois bandidos.

Surpresa, ela poderia abrir o jogo, porém deduziu que seria melhor manter essa versão. Era a solução perfeita para sua fuga, mas teria de ir com muito cuidado, pensava, para não cair em contradição. Dessa forma, melhor se manter calada.

– Sim – murmurou, fingindo sofrimento, o que sabia fazer melhor que ninguém. E concluiu: –Tive muito medo.

– Agora pode ficar tranquila, você não corre mais risco.

Aliviada, sorriu, e Matias a retirou da montaria. Ela beijou o feitor ainda ensanguentado, que lhe disse:

– E este filho que leva na barriga? Por que não me falou? Tem medo de que ele possa ser do escravo?

– Tenho certeza de que é seu. Uma mulher nunca se engana nesses casos.

– E se ele nascer da cor da noite?
– Você pode me matar.
– Pode ter certeza de que é exatamente o que farei – respondeu friamente o feitor.
– Acolhi você com toda a minha confiança e até aceitei seu envolvimento com o escravo, mas daqui para frente muda tudo.
– Comece mudando por acreditar em mim – respondeu Maria Auxiliadora.
– Não se coloque em situações de dúvidas. Cabe a você me convencer disso com suas atitudes. A princípio pensei que tivesse me traído com o escravo. Fosse isso, e você não voltaria a ver a fazenda e ficaria aqui mesmo para ser alimento dos abutres.

Maria tremeu e não conseguiu conter o choro. Muito até pela situação que ela criara e da qual fora salva – e ela nem entendia como. Chorava só de imaginar o fim que esteve muito perto de acontecer.

– Não precisa chorar! Agora está tudo bem. Vou conseguir sua liberdade e a levarei comigo para uma vida diferente longe da Pombal. Não quero mais ficar por lá. Mas tenha sempre em mente que não perdoo traição, seja ela de qualquer tipo. Não coloquei um fim na vida daquele covarde que causou tudo isso porque ele vai pagar muito caro ficando o resto da vida na cadeia. Entenda, então, que nunca deve se meter a esperta comigo.

Maria ouvia com toda a atenção, ciente de que a vida lhe oferecia a última chance. Lembrou das palavras sábias de André e, intuída pelos pais, que, em espírito, sempre tentavam orientá-la, finalmente captava, por intermédio de Matias, a linha a seguir. Era a maturidade chegando. Tudo a seu tempo! Acariciou o feitor, pensou-lhe os ferimentos e agradeceu por estar viva. Seguiram para o povoado, de onde após breves dias partiram rumo a uma nova vida.

A história de Paulo e aqueles que faziam parte de seu grupo termina nessa primeira parte mais ou menos assim: Paulo aceitou conceder a liberdade de Maria Auxiliadora pelo sucesso da missão de Matias. O casal deixou a Fazenda Pombal e partiu para um lugar distante, onde mudou totalmente de vida.

Uma doença inesperada e incurável para a época levou Paulo precocemente desta existência, dez anos após esses acontecimentos da fuga.

Havia se casado com uma mestiça, a contragosto da mãe. O casamento lhes trouxera três lindos e saudáveis filhos. Teresa, a mãe de Paulo teve uma longa vida nesta existência. Com o tempo, adquiriu pela nora um enorme carinho, e tinha nos netos sua razão de viver, principalmente pelo mais rebelde e irrequieto, o do meio, que ninguém mais era que seu marido, Jerônimo, de volta. Tão esperto, superaria o irmão mais velho em inclinação para os negócios, e viria num futuro muito próximo a administrar a fazenda.

Maurício aquietou-se. Seu braço, apesar do excelente trabalho do prático, para uma época de escassos recursos, tornou-se quase inútil. De toda forma, permaneceu na fazenda. Continuou revoltado como sempre e muito sorumbático, pois não poderia pôr em prática sua vingança contra o casal que o vitimara. Pelo menos não teria de suportar a presença física dos dois, mas o ódio tanto quanto o amor, liga as pessoas de forma inexorável. O ressentimento era tal, que atravessaria intermináveis 150 anos, período esse em que os benfeitores espirituais, tendo à frente Paulo, após uma nova existência que narraremos adiante, conseguiram colocar o ex-escravo como filho do casal para o devido reajuste.

André viveu ainda cerca de 25 anos naquela existência, orientando Diogo, o filho do meio de Paulo, no processo em que reassumia sua amada fazenda. Muito contribuiu para a formação do menino, e agora Jerônimo, em outro corpo, mas com o mesmo respeito e carinho por André, ia incorporando ao seu espírito novos valores morais.

Assim, naquele momento encerrava-se um ciclo na vida de Paulo, e novos e complicados desafios o esperavam a fim de auxiliar tantas almas que, de certa forma, estiveram sob sua responsabilidade naquela existência.

Por cerca de duzentos anos Paulo acompanharia a todos procurando dali para frente fazer todo o bem necessário, aproveitando cada segundo e aprendendo o valor do tempo.⁷

---

7. **Nota do médium:** É sempre válido lembrar-nos de um conselho útil para todos nós, aprendizes:
"Centralizamos a atenção em nódoas e defeitos, faltas e quedas alheias, conferindo-lhes um poder que não possuem ou exagerando-lhes a feição.
E, enquanto isso ocorre, perdemos tempo, retardando as edificações que nos competem à maneira de operários que furtassem as horas de trabalho em que se engajaram, para medir a lama do caminho que o Sol há de secar.
Avisemo-nos, tanto quanto possível, contra semelhante impropriedade."
XAVIER, F. C. *O ligeirinho*. Pelo espírito Emmanuel. S. Bernardo do Campo: GEEM, 2020.

LIVRO
2

O DESPERTAR DE UM ESPÍRITO

PAULO ABRIU OS olhos e não demorou a perceber as pessoas a sua volta. Deitado dentro do esquife, relanceou um olhar por toda a sala de sua residência e, com tanta gente presente, fixou o olhar na esposa, que chorava desesperadamente. Fitou a mãe, a querida anciã que o peso da idade não conseguia vergar. Toda vestida de preto, Teresa era o retrato do orgulho e da altivez, mesmo com a morte do filho.

Consciente de sua desencarnação, não se assustou, mas seu espírito procurou rapidamente deixar aquele ambiente soturno e triste.

Afastou-se do corpo físico ganhando em segundos os arredores da propriedade.

Respirou a longos haustos e, caminhando pelos pastos que contornavam a fazenda, deparou-se com seu cavalo

Relâmpago, que degustava a relva verde naquela manhã de primavera.

O fogoso animal prontamente reconheceu o dono e, soltando um relincho de felicidade, veio célere ao seu encontro.

Apesar de ambos habitarem naquele momento dimensões diferentes, isso não foi obstáculo suficiente para isolar o grande carinho e sentimento de amizade que os uniam.

Paulo acariciou seu cavalo predileto e seguiu pela trilha que levava ao topo de um morro.

Talvez Relâmpago até quisesse acompanhá-lo, mas o dono estava rápido, muito rápido. Em poucos segundos, Paulo se acomodava na crista do morro de onde observava cada detalhe da enorme propriedade.

Que bonito era o amanhecer! Nunca tivera tempo para observar aquele bonito espetáculo.

Algo diferente naquele momento chamava-lhe a atenção.

Notou que era seu pai gritando com alguns escravos na entrada do curral.

Aos poucos, ia divisando cada clichê da própria vida física, que se encerrara há algumas horas.

Via a viúva de Ananias, antigo escravo, chorando dolorosamente ao lado da senzala.

Noutro espaço, destinado aos castigos físicos impostos aos pobres negros, aparecia Matias açoitando impiedosamente um escravo fujão.

Perdido em suas elucubrações, nem percebeu a presença de um ser que o acompanhara desde a saída da sala da fazenda.

– Como se sente?

A voz forte e limpa soou como um trovão aos ouvidos do recém-liberto do corpo físico. Assustado, respondeu com outra pergunta:

– Quem é o senhor?

– Sou Belarmino, seu avô.

Apoiando carinhosamente as mãos num dos ombros do neto, repetiu a indagação:

– E então? Como está se sentindo?

Com o olhar perdido no horizonte, contemplando o verde das matas contrastando com o azul de um céu lindamente limpo daquela manhã, respondeu:

– Confesso, meu avô, que me sinto muito confuso.

Paulo não o conheceu em vida, mas ouvira muitas histórias a seu respeito e tinha enorme carinho pela memória do avô.

Paulo continuou explicando:

– Estou morto, eu sei. Eu o vejo normalmente, mas por que meu pai permanece ali ainda brigando? Matias deixou a fazenda há mais de 10 anos, mas o vi como se tivesse voltado. A mulher de Ananias... Como pode isso? Não entendo...

– Você está numa situação que pouquíssimos conseguem. Sai da vida para entrar na própria vida. Agora você se encontra na verdadeira vida e consciente de tudo. Veja que extraordinário!

– Sim, mas que méritos tenho se meu pai, há quase 20 anos, saiu da mesma vida e continua lá?

– Devagar você irá entender. Não se precipite. Cada um tem seu próprio tempo, e seu pai já estava contigo há alguns anos de volta à Terra em nova existência.

– Como assim? E o que eu acabei de ver?

– Meu filho, ali você viu uma projeção de Diogo, seu filho, ainda com as reminiscências da existência anterior. Enquanto o pequeno corpo físico dele, saudável, descansa no leito, seu espírito revive, pelo sonho, situações da existência como o velho Jerônimo.

– Quer dizer que...

– Exatamente! Seu pai voltou ao antigo ninho, para reaver a propriedade que você tão bem manteve. Jerônimo, reencarnado como seu filho Diogo, agora mais preparado, retorna para corrigir incontáveis equívocos.

– E a viúva de Ananias?

– Lembranças suas. Um dos mais leves de seus carmas ao qual doravante irá estudar. Debruçando no divã de sua consciência, encontrará um meio de ressarci-lo.

– Vejo que não tenho grandes méritos – lamentou com um sorriso triste.

– Calma, meu filho! E quem os têm?

– O senhor, meu avô.

Sorrindo paternalmente, o avô foi claro na explicação:

– Engana-se, meu neto. Eu tenho muito o que trabalhar ainda, aliás nós! Estaremos juntos neste desafio. Tão logo acompanhemos o enterro do corpo que lhe serviu de morada, iniciaremos nossa jornada de redenção.

– Eu tenho mesmo que fazer isso? – a pergunta vinha carregada de indisposição no projeto do avô de acompanhar o féretro. E concluiu: – Não podemos pular essa parte?

– Infelizmente, não. Poucos que saem da vida terrena têm essa oportunidade. Seríamos muito ingratos não reconhecendo a importância e a bênção que o corpo físico lhe proporcionou.

– Ah, tá – disse irônico. – Um corpo doente!

– Não obstante esses contratempos, você trouxe sua esposa Anita para uma vida digna, trouxe de volta à Terra seu pai, espírito tão necessitado de reabilitação e com pouquíssimos afetos dispostos a assumir essa missão de pai. Os outros dois filhos também. E ainda, com o corpo que você menospreza, conduziu os destinos da fazenda por 15 anos e, claro, cometeu equívocos, pecou pela omissão em muitos casos, mas quantos sobreviveram nesta vida graças à fazenda por você dirigida? Quantos animaizinhos, assim como Relâmpago, você recolheu e junto a Faustino amparou com carinho? Quantos escravos, à semelhança de Maria Auxiliadora e André você concedeu liberdade? Quem cuida de uma mãe idosa, oferecendo a ela tanto amor como o que você proporcionou a Teresa, valorizando com a devida gratidão tudo aquilo que recebeu? Essas são apenas pouquíssimas lembranças do quanto o corpo, que você chama de doente, fez enquanto saudável. Pense, meu filho, e, assim que ele baixar à terra, você poderá dizer com todo alívio: "Missão cumprida".

– Meu avô, o senhor é um sábio. Como gostaria de ter contado com sua presença nos meus poucos anos vividos nesta fazenda.

– Pois tenha a certeza de que sempre estive ao seu lado – disse com um sorriso comovente.

Abraçou o neto com enorme carinho e começaram suavemente a descida do morro em direção à casa grande que, em poucas horas, viveria o triste ato do choro da despedida do sinhozinho, principalmente por parte dos escravos que o amavam. Sabiam da enorme perda que era a morte de Paulo. Fora, durante algum tempo, de fato omisso e em parte causador da infelicidade de muitas vidas, porém, após a saída de Matias, promoveu Clarindo ao cargo de feitor e aos poucos foi mudando a forma da administração da Pombal.

Nos últimos cinco anos, a enorme propriedade conheceu um grande progresso, não só em nível econômico-financeiro, mas principalmente no aspecto moral. Agora, raramente os escravos eram açoitados e frequentemente se via o processo tão sonhado de libertação se aproximar. Isso fazia que os negros trabalhassem felizes e se doando plenamente em todas as atividades. Recebiam alimentação digna.

E o que era melhor para os negócios da própria fazenda: os casos de fuga praticamente inexistiam.

Paulo tinha muito o que se preparar visando à reparação das falhas cometidas anteriormente, mas ele tinha a seu favor uma grande virtude: sabia reconhecer seus erros e, mais que isso: queria a todo custo começar o processo de reparação.

VIAGEM FANTÁSTICA

AS EXÉQUIAS SE desenvolveram como era de praxe naqueles tempos.

O corpo de Paulo seguiu no cortejo fúnebre para a igreja da vila, onde eram enterradas as pessoas que desfrutavam de certa importância.

A vida seguia seu ritmo como não poderia deixar de ser e agora, tendo Paulo o avô Belarmino por tutor no plano maior da vida, delineavam-se seus próximos passos.

– Descanse por algum tempo, que depois seguiremos para o lugar que nos está destinado – assim foi a orientação de Belarmino ao neto, tão logo deixaram as imediações da igreja.

– Vamos agora para lá. Não preciso descansar – respondeu Paulo.

– Você sofreu com a doença, permaneceremos nos aposentos de André, que é um lugar acolhedor.

– Está brincando comigo? – Paulo deixou escapar uma risada. – Gosto de André, sempre dedicado e leal, mas o pequeno quarto dele pode ser tudo, menos acolhedor.
– Rumemos para lá – ordenou o avô.
Ainda inadaptado ao novo plano em que passara a habitar, Paulo sequer percebeu que em pouquíssimo tempo estavam à porta da moradia de André.
De início estranhou tantas pessoas ali, quando deparou-se com os espíritos presentes naquele local.
– Quem são? – perguntou, surpreso, ao avô.
– A pequena morada de nosso amigo não é procurada somente pelos vivos. Esses espíritos à procura de luz são atraídos ao convívio momentâneo de André, com ajuda de quem podem encontrar o caminho certo a seguir – e concluiu: – Entremos!
Paulo nem bem entrou e ficou deslumbrado com o que via. O pequeno quarto parecia dez vezes maior. Nele, encontrou muitos leitos e uma iluminação estranha para ele. A iluminação artificial da casa grande da fazenda era muito rudimentar e não conseguia extinguir as trevas da noite; no entanto, ali no interior do quarto de André parecia dia.
Nos dias da existência terrena, raramente entrava no quarto de André. Nas poucas vezes que isso ocorrera, tinha a lembrança nítida de tratar-se de um pequeno quarto quase sem ventilação e sempre às escuras.
– Como pode isso? – perguntou intrigado.

– Meu filho, nem sempre você via a verdadeira realidade. André tem elevação moral suficiente para manter um ambiente como esse. Você, que sempre o ajudou, hoje receberá o retorno desse bem praticado. Seremos hóspedes de André por essa noite.

Sentado fisicamente em seu toco de madeira, André refletia na vida.

– Ele não nos vê? – Paulo quis saber.

– Por ora, não. Já estive com ele nesses dias difíceis de sua doença, e já temos nosso lugar reservado. Venha! Tão logo ele adormeça, virá ter conosco.

Paulo ia assim, de surpresa em surpresa, retornando à vida de desencarnado.

O diálogo foi proveitoso e alegre entre os três, tão logo André os procurou.

No dia seguinte, refeito do processo de desenlace do corpo físico, o fazendeiro e seu avô partiram para a nova morada.

Nessa etapa, agora assistidos por Constantino, o novo guia que cuidara de tudo em relação à desencarnação, dava continuidade à adaptação de Paulo.

Nem bem tomara consciência de sua nova condição e com poucos informes do avô, uma pergunta martelava incessantemente na cabeça de Paulo:

– Quando poderei retornar para reparar meus erros?

Constantino e o avô captavam esses pensamentos e o reconfortavam.

– Calma, sinhozinho! – sorrindo bondosamente, o novo guia explicava: – Não é assim que as coisas funcionam aqui. Teremos uma longa estrada de aprendizado a nossa frente.
– Por que isso, se já estou disposto a consertar meus erros?
– Não basta a disposição. É verdade que você começa com dois pontos altamente positivos: o reconhecimento das falhas e a disposição para pagar as dívidas, mas de que adianta isso se você não dispõe no momento do numerário suficiente para acertar os débitos?
– Se é isso, tenho bastante guardado na fazenda.

O guia riu respeitosamente e respondeu:
– Esse poderá ser muito útil aos que ficaram, mas concorda que é só uma devolução ao verdadeiro dono, hoje na pessoa de Diogo? Aqui a moeda é outra. Para vir para cá, é justo que paguem enterro de primeira, enfeites com as mais belas flores, veículos luxuosos para conduzir o caixão; contudo, para empreendermos a viagem de volta à verdadeira vida, são outras as moedas necessárias, cujos valores já vêm impressos na consciência do viajante.
– Creio que essa viagem não posso pagar.
– Não por agora. Precisamos guardar em nós muita sabedoria e humildade e buscar no bem que fizemos desinteressadamente, quando na Terra, e aí, sim, resgatar pela gratidão daquelas almas às quais proporcionamos felicidade, amenizando suas dores, e elas nos cederão a passagem de volta. Isso leva tempo, Paulo. Muito tempo!

– Uns seis meses, você acredita? – indagou, esperançoso, ao benfeitor.
Constantino sorriu, compreendendo a ansiedade do recém-liberto.
– Seis anos, talvez...
Paulo baixou a cabeça, desanimado. Tinha pressa.
– Você tem muitos créditos. Todo o bem que fez irá trabalhar em seu favor, mas esse trabalho, quando contabilizado aqui, é contado num tempo diferente daquele utilizado na Terra. A Espiritualidade Maior é ágil, sim, mas progride sem atropelos. O tempo do Senhor da Vida é todo perfeição. Não há lugar para a ansiedade.
– Difícil esperar tanto...
– Trabalhamos em tempo integral sem cansaço, uma vez que tudo é feito com prazer e dentro de uma harmonia perfeita.
– E com tudo isso leva todo esse tempo? – Paulo questionou.
– Sinta-se feliz. Há outros caminhos para a volta, mas não queira saber como. Há pessoas que mal saem do corpo, e em pouco tempo lá estão de volta, mas quase sempre pelas ligações do orgulho e da cupidez. São os frutos das uniões movidas pelo interesse material, quando não vítimas da violência do estupro, das ligações perigosas do adultério. As verdadeiras mãezinhas acolhem com todo amor criaturas que retornam nessas condições, mas há que se aproveitar bem da oportunidade, uma vez que não houve todo o processo preparatório.

– Compreendo – disse o ex-fazendeiro.

– Você voltará no tempo certo. Prepare-se bem, pois o retorno poderá não ter um sabor tão doce. Por isso, a necessidade de um longo preparo e nisso contará sempre conosco. Seu avô e eu estamos confiantes e tudo faremos para que sua futura existência seja coroada de pleno êxito.

– Está bem – disse conformado. – E onde iremos?

– Para nossa escola. Sua matrícula já está registrada há muito tempo.

Ato contínuo, o guia se postou entre o avô e o neto, esticou os braços em direção a eles e, com as mãos abertas, ordenou:

– Deem-me as mãos e fechem os olhos.

Amparados pelo anjo bondoso que era Constantino, flutuaram suavemente saindo daquele vale. Sentiram seus corpos se elevarem e, em pouco tempo, chegavam a uma região imensamente florida e muito acolhedora.

– Abram os olhos e contemplem nosso novo lar – disse Constantino.

Do alto do espaço, viam o educandário que os esperava.

O sol refletia sua luz na copa das grandes árvores verdes. Perceberam, então, lá embaixo, por entre a vegetação, a enorme construção que albergava os seres que saíam da vida física em razoável estado de equilíbrio.

Encantados e felizes, aquelas criaturas comentavam entre si os mais lindos projetos sonhados para uma nova vida, no futuro retorno à Terra.

– É tudo muito bonito e acolhedor em nossa organização, mas aqui aprenderão que tudo tem um preço na vida. Vocês fizeram por merecer esse tratamento que estão recebendo pelo bem que fizeram na Terra, mas preparem-se, que o verdadeiro prêmio não será exatamente esse.

Felizes, ouviam o instrutor, que prosseguia:

– Aqui, Paulo, você irá desenvolver todo o seu potencial para colocar em prática nos anos futuros, em existência de sacrifício em favor daqueles a quem é devedor.

– Notei – disse Paulo – que você utilizou muito a palavra vocês, quando na verdade a conta é minha. Meu avô não é devedor de nada nessa história. Qual a razão de ele se submeter a isso?

– Belarmino realmente tem muitos créditos e poderia estar noutros planos da vida, mas, por amor, ele permaneceu por três décadas e meia ao seu lado, durante sua existência terrena.

Paulo ouvia, emocionado, a explicação que o guia continuava a dar.

– Facultamos a ele a oportunidade de seguir com você aqui nos estudos e, ao final destes, tomar a melhor decisão que lhe interesse, ou seja, seguir como seu guia espiritual na nova existência ou, se preferir, descer novamente à vida física em sua companhia. Belarmino com certeza terá muito tempo para decidir.

– Que bom! – Paulo exultou de contentamento; afinal, seu avô continuaria ao seu lado, dando-lhe o apoio e a assistência que tanto o fortalecia.

CONTANDO OS DIAS

PAULO SE APLICAVA com esmero nos estudos preparatórios visando à nova existência.

Naquele educandário da espiritualidade, vários espíritos recém-saídos dos sofrimentos na esfera física, principalmente ocupando corpos castigados pela vida na escravidão, eram socorridos tão logo oferecessem condições mentais para isso. Infelizmente, grande parte permanecia na Terra obsediando os patrões, feitores ou até membros familiares, nas situações em que o ódio tomava suas mentes, instigando nelas a vingança, principalmente nos quilombos onde reivindicavam a lei do "olho por olho".

Assim, Paulo dedicava metade do tempo que compunha seu dia nos preparos para aprender as novas lições, nas aulas ministradas pelos espíritos professores. Da outra metade de seu dia utilizava 6 horas para auxiliar espíritos sofridos, nas tarefas de assistência e socorro, munido apenas de sua boa vontade, já que não tinha preparo nenhum nessa área.

Seu objetivo maior, como já vimos, era a volta à vida física. A consciência culposa não lhe dava tréguas para o descanso.

Constantino sugerira, de início, pelo menos 6 horas de lazer, de meditação, mas o moço era obstinado em seus projetos. Dependesse somente de sua vontade, reencarnaria de imediato para resgatar suas dívidas.

Reconhecia, desde o início, o quanto fora negligente.

– Moço – disse Constantino numa de suas visitas ao departamento onde Paulo desenvolvia seus estudos – você tem trabalhado demais. Louvamos seus propósitos, mas não se esqueça da necessidade de um pequeno tempo que seja para o lazer.

– Eu sei – respondeu, feliz. – Dentro do possível, tenho feito isso, mas o trabalho com os recém-libertos do corpo físico me proporciona enorme bem-estar. Acredite, o maior ajudado nessa tarefa tem sido eu.

– Muito válido isso e conta de forma imensurável a seu favor, mas queria que encontrasse algum tempo para descermos à fazenda ainda que em visitas rápidas, o que me diz?

– Fabuloso! – respondeu com um sorriso largo. – Eu posso? – perguntou surpreso.

– Graças a sua dedicação, até deve. Seu envolvimento aqui de certa forma fez que os laços terrenos se afrouxassem bem mais rápido que o normal.

– Você determina, eu obedeço! – disse em tom de brincadeira ao tutor espiritual.
– Vejo que você dobrou o tempo no período de estudos visando reduzir o tempo para a volta à nova existência. Estou certo?
– Claro! Quem deve paga! Não é a lei? – rebateu, de forma feliz.
– Sim, meu filho – considerou Constantino tocando carinhosamente o ombro do ex-fazendeiro. – Sua determinação é um ponto fundamental no sucesso de seus projetos, mas a paciência no tempo de espera também trabalha providencialmente a nosso favor.

Após uma pausa, Constantino prosseguiu:
– A reflexão, o preparo para o sacrifício, em grande parte das vezes, são indispensáveis para as realizações futuras, funcionando como um relógio que mede proporcionalmente a necessidade da fixação do aprendizado, conforme o tamanho da missão a ser cumprida.
– Permita-me, Constantino, fazer uma pergunta?
– Claro! Se eu tiver condições ou permissão de responder, farei isso com toda a satisfação.
– Às vezes penso que se valoriza demais meu retorno. Não sou tão importante assim. Acho que você já tem alguma ideia de minha nova existência.

Constantino riu da simplicidade do tutelado e respondeu calmamente:

— Você renascerá na Mãe África, na pele daqueles a quem sua autoridade temporal na Terra permitiu maus-tratos, dores, aflições.

— E eu tenho afetos que me confiram a oportunidade de renascer do ventre de uma dessas almas sofridas?

— Muito mais que imagina. Lembra-se da viúva de Ananias?

— Como esquecer? Mesmo contra a vontade de meu pai, prestei-lhe socorros para a subsistência dos filhos pequenos.

— Não obstante toda a ajuda que lhe tenha dedicado, ela desencarnou prematuramente, deixando os órfãos na Terra, não foi?

— Sim, era uma pessoa infeliz, mas, sempre que possível, eu conversava com ela tentando ajudá-la, pelo menos até onde meu pai permitia.

— Ela já vive na África e será sua nova mãe, meu caro.

Paulo, que a princípio se assustara com a notícia de renascer noutro continente, agora chorava de alegria e saudade. Aquela viúva foi uma alma na qual plantara o bem e via com emoção o retorno no apoio de sua nova vida.

— Corina era o nome dela — recordou-se com ternura. — Viveremos para sempre na África?

— Ao contrário. Viverão juntos por pouco tempo. Corina o receberá com alegria, acompanhará com carinho seus primeiros passos nos doces dias da infância. Ela o alimentará com o leite do próprio peito, devolvendo-lhe todo o bem com que você a protegeu. Conviverão felizes por 13 anos, quando, então, apenas você embarcará para o Brasil, sofrendo a dor da saudade, conhecendo o que é a separação de uma mãe no momento em que a criatura mais precisa da genitora. Tudo isso para que repare e sinta na própria pele o sofrimento de muitos seres humanos, pois você, de certa forma, contribuiu para que isso ocorresse.

Paulo agora chorava de tristeza. Chorou dolorosamente por muitos minutos.

O mentor entendeu o que se passava, mas fez uma pergunta com o objetivo de sentir a reação do aprendiz.

– Você sente medo da nova missão?

– Nunca! – respondeu de forma incisiva. – Tenho medo é da minha negligência. Tenho vergonha de como falhei nesse aspecto.

– Paulo, você fez parte de um sistema. Não se recrimine. Antes, fortaleça-se para que no futuro não venha a reincidir nos erros.

E prosseguiu:

– Seu avô vai acompanhá-lo em espírito. Acabei de conversar com ele. Será seu guia espiritual.

– Que bênção! Precisarei muito. Mas tenho uma dúvida.

– Sim, pode perguntar – falou Constantino com toda a atenção.

– Temos pouco tempo para eu renascer e completar os 13 anos de idade. Acompanho com enorme interesse as notícias do planeta e felizmente, ao que me consta, estão chegando ao fim os embarques dos irmãos africanos para o cativeiro no Brasil. Os abolicionistas têm conseguido enormes progressos na luta contra a escravidão.

Constantino acompanhava com curiosidade e interesse invulgar o raciocínio do dedicado estudante, que prosseguia:
– Graças a Deus, vejo esse ciclo se encerrando, mas, se não adiantarem meu renascimento, como farei a viagem da África para o Brasil? – encerrou, com enorme preocupação.
– Paulo, meu querido! – e, sorrindo de forma divertida como o faz um adulto ao explicar os assuntos mais elementares a uma criança, completou: – Nada escapa aos planos das Leis Maiores. Não se preocupe. Nem que seja num navio clandestino você fará sua viagem. Louvamos esse progresso de nosso Brasil, mas ainda existe muita gente má, que dribla as leis humanas, e isso persistirá por algumas décadas, porém não para sempre. A Providência Divina encontra meios que sequer imaginamos. Trabalhe em seu próprio bem para os duros anos que haverão de chegar e deixe o resto por conta do Pai, que tudo sabe e a tudo conduz.

A conversa foi um enorme alento para o estudante. Conhecia agora o seu futuro, criado como consequência de seus atos. Tinha receio, é claro, todavia uma fé fortalecida pela presença de Belarmino o animou.

Nos anos restantes em que esteve no educandário da espiritualidade, desceu várias vezes à fazenda.

Amparou a mãezinha, Teresa, nos duros e tristes dias da velhice, levando-lhe carinho e bom ânimo.

Abraçou por longo tempo o filho Diogo, que já trazia a energia e disposição do velho Jerônimo, dando ordens a todos, sobressaindo o espírito de líder e empreendedor naquela criança. Surpreso, Paulo percebia no menino o carinho com os negros. Já era um notável progresso naquele espírito.

De todas as suas visitas, a que sempre mais lhe agradava eram aquelas junto a André.

Nos últimos dias da passagem de André na Terra, o prestimoso amigo era o único que percebia a presença de Paulo.

Conversavam por longas horas sobre os mais diferentes assuntos.

André dizia que em breve se mudaria para o educandário espiritual.

Quando estamos felizes e conscientes, os dias, meses e anos voam sem que percebamos.

Os primeiros contatos com Corina ocorriam com frequência visando à harmonia entre Paulo e a futura mãezinha.

A grande viagem de volta se aproximava mais e mais.

Estranhamente, à medida que o tempo passava, reduzia-se substancialmente em Paulo a vontade da volta. Na mesma proporção, inversamente aumentava o medo.

Outrora determinado, o antigo fazendeiro muitas vezes refletia: "Todos aqueles anos investidos no projeto não podem ser perdidos. Irei a qualquer custo!".

Tinha medo? – "Sim", respondia a si mesmo. "Então irei mesmo com medo!"

Estava respaldado pela presença dos benfeitores. Haveria de vencer!⁸

---

8. **Nota do médium:**
"O instante em que um espírito deve encarnar é, para ele, um instante solene? Cumpre esse ato como algo realmente sério e importante para si? Resposta: Ele é como um viajante que embarca para uma travessia perigosa e não sabe se encontrará a morte nas ondas que afronta. A.K.: O viajante que embarca sabe a que perigos se expõe, mas não sabe se naufragará. Assim é o espírito: ele conhece o tipo de provações às quais se submete, mas não sabe se sucumbirá. Assim como a morte do corpo é uma espécie de renascimento para o espírito, a reencarnação é para ele uma espécie de morte, ou, antes, de exílio e de clausura. Ele deixa o mundo dos espíritos pelo mundo corporal, como o homem deixa o mundo corporal pelo mundo dos espíritos. O espírito sabe que reencarnará, como o homem sabe que morrerá; mas, como este, o espírito só tem consciência disso no último momento, quando é chegada a sua hora. Então, neste momento supremo, a perturbação se apodera dele – como no homem em agonia –, e essa perturbação persiste até que a nova existência esteja nitidamente formada. A aproximação do momento de reencarnar é uma espécie de agonia para o espírito. KARDEC, A. *O Livro dos Espíritos*, questão 340.

O ALQUIMISTA

UM LUSTRO FOI o suficiente para o preparo adequado ao fazendeiro que falira na missão de comandar.

Corina recebia com todo o amor maternal aquele que a acolhera nos momentos de desespero da última existência terrena.

Num clima agradável do novo lar, nas terras de Moçambique, ela trazia um novo habitante ao mundo de provas e expiações.

A primeira infância, as primeiras palavras, os primeiros passos da nova existência, ensaiados com graça e ternura pelo pequeno, enchiam de satisfação e alegria a mãezinha e os seus irmãos.

Assim, o pequeno agora atendia pelo nome de Sebastião. Retomava sua caminhada de espírito imortal, sob os cuidados de uma equipe espiritual representada pela presença constante de Belarmino.

Rapidamente a adolescência chegou, e o menino tinha na mente o grande sonho de conhecer novas terras. Trabalharia num daqueles navios, pensava. Levaria a mãezinha junto com ele. Tantas navegações aportavam por ali, que numa hora qualquer conseguiria trabalho.

Via homens fortes amarrados serem embarcados e aquilo lhe despertava terror. Deviam ser malfeitores, pensava. Corina inúmeras vezes o advertira no sentido de nunca se aproximar demais do porto. Era região perigosa, dizia. Seus amigos mais vividos, experientes, sempre evitavam ir naquela direção.

Sebastião ajudava sua mãe nos afazeres e tentava sempre desenvolver algum trabalho que ajudasse a trazer recursos para o lar, tão carente materialmente.

Achava estranho seus irmãos irem crescendo e de repente desaparecerem do lar. As irmãs ficavam até conseguirem um casamento.

Sebastião era um menino muito consciente das responsabilidades e acabou por se tornar o arrimo daquela família, que ia se reduzindo a cada ano.

Nosso destino, de certa forma traçado antes de descermos ao planeta, quando existem méritos para esses projetos, não falha.

Sebastião sempre conseguia alguma forma de ajudar sua mãe nas despesas da casa, mesmo que encontrasse tarefas de risco. Eram tão raras as oportunidades de trabalho, que ele não poderia perdê-las.

Mesmo que fosse no perigoso porto.

– Menino! – gritou com voz seca o negociante de escravos nas imediações do porto.

– Sim, senhor – respondeu baixando os olhos em atitude humilde e habitual à época.

– O que faz por aqui? – a pergunta denotava as piores intenções e foi feita de tal forma agressiva, que assustou o garoto.

– Venho entregar essa encomenda ao senhor Malaquias – respondeu mostrando um pacote, pelo qual já recebera seu mísero pagamento.

– Deixe isso comigo, que eu mesmo entrego – ordenou em tom agressivo. E prosseguiu: – Está vendo aquele navio? Apontou na direção de uma embarcação prestes a partir.

– Sim, senhor – respondeu, todo medroso.

– Vá até lá agora e diga a Antônio, que está na entrada do navio, que você quer a féria do dia! Ande logo!

– A fera do dia? – perguntou timidamente e mais amedrontado ainda.

– A féria! – gritou o português. – Vá logo! Na volta, eu lhe pago, moleque.

O pobre garoto saiu em disparada. Pensou até em desviar do caminho e sair dali o mais rápido que pudesse, mas o homem prometera pagar-lhe na volta.

Não poderia perder mais aquele valor.

Nas estratégias para arrebanhar escravos, valia tudo. Sequestro, intromissão nas guerras entre as tribos do continente africano, raptos como o que o cruel homem estava prestes a fazer agora. Os traficantes de vidas não mediam consequências, visando a lucros.

Sebastião acabava de ser colocado na rota de seu triste e cruel, mas planejado destino.[9]

O comparsa do homem que o abordara e ao qual Sebastião se dirigia já sabia a senha e astutamente tinha o argumento para a vítima entrar no navio.

– Ah, sim! – respondeu ao menino tão logo foi abordado.

– A féria? Entre no navio e vá até a cabine do comandante retirar. Eu explico como chegar lá.

Adeus, mãezinha, adeus terra da felicidade!

---

9. O que chamamos de mal, por vezes, é necessário, conforme o estado evolutivo da alma, pois o mal constitui parte do processo de despertamento do espírito. Somente depois que o espírito atinge determinado grau de evolução espiritual, não é mais necessário o mal, ou seja, o escândalo. Há certas circunstâncias na vida em que a alma se sente obrigada a agir mal; entretanto, ela recebe a correspondência do referido erro, para aprender a respeitar a lei. Embora necessário, o mal não deixa de ser o mal. A necessidade do mal desaparece à medida que o espírito vai se depurando, porque "o amor cobre a multidão de pecados", conforme ensinou o apóstolo Pedro. Cobre, porque instrui e educa, trazendo ao homem, encarnado ou desencarnado, a luz do entendimento, conferindo-lhe pureza espiritual. Quem dota as almas dessa pureza são os processos da reencarnação. É pois, de corpo a corpo, de passo a passo na senda da vida e nas vidas sucessivas, que o espírito se sente livre de todo o mal. O espírito foi criado simples e ignorante e, para que ele desperte, ou comece a despertar suas qualidades que dormem na consciência, necessário se faz que a princípio ele conheça o mal. É pelas consequências do mal, que o bem surge com todo o seu fulgor. (Maia, J.N. *Filosofia espírita: volume XIII*. Pelo espírito Miramez. Belo Horizonte: Espírita Cristã Fonte Viva, p. 57.)

Sebastião agora fazia parte do enorme grupo de seres humanos que cruzariam os mares até o Brasil. Uma alta porcentagem dos embarcados pereceria na triste viagem.

Dormindo em condições extremamente desumanas, mais se assemelhavam a livros numa estante pelo espaço reduzidíssimo que cabia a cada um. Empilhados em compartimentos, passavam fome, sede e em decorrência disso as doenças levavam grande parte a óbito.

Sebastião, por ser novo e esperto, foi designado para limpar o convés e assim escapou daquele lugar insalubre e fétido, que era o porão da embarcação.

De compleição física robusta (fora cuidadosamente programado para ele pela espiritualidade um corpo com essas características, a fim de que pudesse sobreviver na dura viagem), o menino se desdobrava nas tarefas e acabou por angariar a simpatia de alguns marinheiros, que em troca lhe davam boa alimentação.

Viu com enorme pesar muitos companheiros de viagem serem atirados ao mar. Alguns ainda com vida, mas já agonizantes, o que fazia que o capitão da embarcação procurasse se livrar imediatamente deles a fim de evitar o contágio da tripulação e do que eles chamavam "a preciosa carga".

Assim, após longos e intermináveis dias, aportavam na capital do Brasil, então Rio de Janeiro.

Eram dias em que oficialmente já não existia mais o tráfico dos navios negreiros, conforme a aprovação da Lei

Euzébio de Queirós no ano de 1850, que finalmente proibia essa prática criminosa. No entanto, os oportunistas driblavam a lei e subornavam autoridades para conseguir seus objetivos escusos.

Muitos daqueles seres humanos que acabavam de desembarcar já tinham destino certo, pois se tratava de encomendas de fazendeiros que não aceitavam a nova lei de suspensão do tráfico negreiro.

Tão logo desembarcara, Sebastião foi adquirido por um negociante que trabalhava como intermediário encaminhando as vítimas do tráfico. Entrando pelo interior do Brasil, falsificavam a documentação em que os sofridos africanos constavam como brasileiros, principalmente aqueles que falavam o idioma da terra em que aportaram. Compradores inescrupulosos já sabiam do esquema desonesto e acabavam como receptadores, como ocorre nos dias de hoje com os mais diversos tipos de comércio ilegal.

Esse não era o caso de Diogo, que comprou o menino para a Fazenda Pombal com a certeza de que estava adquirindo um escravo que viveu na Bahia. Claro que era uma das falsificações dos vendedores.

A bem da verdade, Diogo nem sabia por que comprara aquele menino. Era forte, sim, mas não entendia por que sentira uma pena imensa daquela criança ali exposta.

Não tinha motivo nenhum para comprá-lo a não ser para algum serviço leve no casarão da propriedade. O menino era muito criança para o trabalho na lavoura.

Dessa forma, Sebastião, guiado pelos mentores do bem, integrava-se novamente ao antigo lar.

Não fosse pela dor da perda da mãezinha, por quem chorava todas as noites, poder-se-ia dizer que estava em casa.

Dona Teresa, vivendo os últimos dias da existência terrena, mais que todos, apegou-se ao pequeno Sebastião, e assim o menino se tornou seu protegido.

Era a companhia de que precisava para enfrentar os tristes dias de solidão da senectude.

Atencioso e prestativo, Sebastião também se apegou à velha senhora. Um espirro da anciã, e lá estava ele, pronto para servi-la.

– Quer um copo de água, senhora?

Dona Teresa, sofrida e amargurada, sentia saudades do único filho que gerara e sem saber, de forma inconsciente, mas fortemente pela intuição materna, tinha ao seu lado a companhia ideal.

Sebastião era alegre e feliz apesar de ter todos os motivos para chorar e reclamar.

Dona Teresa pedia ao menino que contasse suas histórias, e ele pacientemente repetia quantas vezes fosse necessário tudo o que vivera naqueles poucos 13 anos. Ela amava ouvi-lo relatar sobre a doce infância vivida em Moçambique.

– E sua mãe? – ela repetia todos os dias a mesma pergunta.

– Nunca mais a vi, sinhá. Só em sonhos – e completava tristemente: – Sei que nunca mais a verei.

– Não fale assim – recomendava, penalizada, ao pequeno Sebastião. – Quem sabe algum dia o meu neto possa comprá-la e vocês viverão aqui felizes?! – dizia isso quase que delirando, sem a menor noção da realidade dessas vidas separadas pela crueldade, ganância e ignorância humanas.

– Quem sabe, né, sinhá?... – o menino demonstrava que acreditava mais para não contrariar a velha senhora, mas totalmente consciente de seu destino de viver para sempre separado de sua genitora.

Ele era a agradável e constante companhia de dona Teresa em quase tempo integral. Aproveitava os momentos em que ela adormecia, o que era até frequente, e, por iniciativa própria, saía à procura de atividades junto ao sinhozinho.

Ajudava na parte administrativa e aprendia com uma facilidade enorme.

Em pouco tempo, já fazia o controle dos gastos e das finanças de um modo geral para o patrão.

Só não fazia os trabalhos que exigissem um afastamento maior porque Diogo sabia que, ao acordar, a avó faria a mesma pergunta de sempre:

– Cadê Sebastião?

Nessas situações, melhor atendê-la de imediato. Contrariada, ela se tornava impaciente demais. Somente Sebastião para acalmá-la.

Por esse motivo, Diogo evitava dar novos encargos ao jovenzinho.

O tempo passou, e logo a morte levou dona Teresa.

Dali para frente, Diogo mandava Sebastião em todas as viagens de negócios.

As pessoas envolvidas nas negociações estranhavam o fato de tratar tudo agora da Fazenda Pombal com um negro. Sua capacidade cresceu a tal ponto que até à cidade do Rio de Janeiro Diogo o enviava.

Ficava deslumbrado com tudo aquilo e em seu íntimo tinha um sonho, que não revelava a ninguém: queria conhecer o Imperador, de quem falavam maravilhas. Mas sabia tratar-se de um sonho impossível.

Os anos passavam rapidamente. Sebastião, de forma eficiente, ia reparando seus erros de vidas passadas. Tornara-se o braço direito de Diogo, que, com o apoio do jovem, ia melhorando as condições de vida dos escravos.

Por meio das ideias e demonstrações de vantagens para a economia da fazenda, ele mais e mais contribuía para dar conforto e tratamento decente àquele povo sofrido.

Com o passar dos anos, a sociedade composta pelos abolicionistas conseguia com os representantes do povo fazer que leis e mais leis fossem aprovadas, ainda que de forma gradativa, e assim libertava aos poucos aquelas pobres almas.

Os idosos não mais poderiam ser escravos, em cumprimento à Lei dos Sexagenários.

A Lei do Ventre Livre não mais permitia aos filhos dos escravos serem cativos.

Claro que a realidade nas propriedades onde prevalecia a desonestidade por parte dos fazendeiros, as novas leis pouco mudavam a situação dos cativos, mas, com a chegada de levas e levas de imigrantes europeus em busca de trabalho assalariado, criou-se uma situação favorável ao desenvolvimento do país e à aceleração do processo de libertação definitiva da escravidão no Brasil.

Numa de suas constantes viagens à corte, Sebastião conheceu uma figura que muito lhe ajudaria: um senhor idoso que habitava o palácio, um negro por nome de Rafael.

Entre os dois se firmou uma grande amizade, e Sebastião contou sua vida sofrida, ressaltando o quanto trabalhava para amenizar as dificuldades do povo escravo, tudo fazendo na propriedade que lhe acolhera para favorecer os pobres irmãos cativos.

Sebastião contou que agora trabalhava integralmente na causa abolicionista, o que despertava inveja e até o ódio de muitos grandes proprietários.

Rafael se encantara com aquele senhor de quase 40 anos de idade. Prometeu ao novo amigo marcar uma audiência com o Imperador para que pudessem conversar e assim Sebastião realizar seu grande sonho.

Sebastião não cabia em si de contentamento.

Chegando à Fazenda Pombal, foi a primeira coisa que contou a Diogo. O agora velho Diogo, já perto dos 50 janeiros, muito felicitara ao seu administrador.

A vida é pródiga trazendo-nos sempre novas surpresas. Existem os dias tristes, é verdade, mas, ao olharmos para as coisas boas que nos acontecem, veremos que estas são em bem maior número.

Sebastião que o diga. Desceu à Terra para um amargo regresso e provou desse fel, mas, confiante e obstinado, transformou todo esse amargor num doce e suave suco de uvas. Difícil? E alguém disse que seria fácil?

Quantas vezes a Corina de nossas vidas pode bater à nossa porta pedindo-nos um alimento, um simples copo com água? Ela nos deu leite, agasalhou-nos por longos nove meses, cobriu-nos de carinho nos dias difíceis da infância sofrida e agora, ela, noutra roupagem física, não é reconhecida por nós. Pelo menos o sentimento de ternura temos como retribuir. Uma palavra de carinho, um gesto de respeito.

Jesus nos orientou nesse sentido.

A VOLTA

NAQUELA TARDE FRIA de inverno rigoroso do ano de 1883, retornava ao planeta para uma curta, mas providencial e necessária existência, um dos mais terríveis carrascos de nossa despretensiosa história.

Era um dos espíritos pelo qual Sebastião mais se culpava. Esse sentimento o atormentava em razão da conivência no comportamento agressivo que o espírito agora reencarnante praticara. Sebastião não se conformava por ter permitido isso.

No período em que Sebastião habitara o educandário na espiritualidade, tão logo desencarnara da existência como Paulo, naqueles longos e intermináveis 5 anos, procurara, de forma obstinada, encontrar essa alma equivocada de quem de certa forma fora cúmplice nos erros praticados.

Naquela oportunidade, não só Belarmino, como também Constantino lhe explicaram não ser aquele um assunto para o momento. Não era a prioridade na vida do ex-fazendeiro. Haveriam de ajudá-lo, mas não naquele momento, diziam. Esclareceram ainda que, naqueles dias mesmo, aquela alma, tão comprometida, já começava a colher, ainda na existência física, os frutos de suas ações envolvidas na maldade.

A doença, o abandono pela companheira, a pobreza já representavam um verdadeiro inferno ainda na Terra.

– Sua preocupação é louvável, meu neto, – dizia Belarmino ao então Paulo, ambos na espiritualidade –; porém, há que se deixar seu amigo purgar na própria pele uma parte mínima que seja, a fim de despertar o arrependimento; aí, sim, poderemos oferecer nossa ajuda. Você renascerá em breve, como já sabe, e, após longa vida e progresso em nova existência, levaremos seu amigo ao seu encontro.

– E como será isso, meu avô?

– Não se preocupe com isso neste momento. No tempo certo, você perceberá. Só poderemos ajudar alguém com eficiência, após absorvermos a verdadeira fé, que nos transforma de seres bem-intencionados em indivíduos realmente capacitados para a tarefa que nos compete.

E, assim, Belarmino explicava a situação crítica do antigo habitante da Fazenda Pombal ao qual o então Paulo pretendia ajudar.

Voltando ao momento presente de nossa história, vemos Sebastião, naquela tarde fria como relatávamos, sendo chamado às pressas à antiga senzala, transformada em habitação razoavelmente decente, na qual acabara de nascer um menino.

A pobre mãe chorava dolorosamente pelas condições em que o pequenino nasceu.

Aos prantos, explicava ao protetor a quem todos amavam e em cujos ombros sempre se debruçavam expondo suas dores.

– Sebastião, veja como nasceu meu pobre Pedro!

Condoído pelo sofrimento daquela mãe, constatou que o bracinho direito do recém-nascido vinha com o que hoje a ciência médica chama de agenesia transversal de membros, ou seja: o bracinho direito do bebê nasceu deformado.

Sebastião não tinha condições de compreender aquilo. Nunca vira algo igual.

– Acalme-se, Neuza – disse buscando as palavras mais adequadas para aquele momento de tanta incerteza.

– Não é possível, dizia a mãe.

– Amanhã trarei um conhecido médico da cidade, que examinará Pedrinho. Ele cuidará de seu bebê no que for necessário. Mantenha a calma, que Deus há de nos ajudar.

Neuza, ainda em desespero, sentiu naquelas palavras os primeiros raios de esperança. Como sempre, tinha palavras bondosas aquele ser humano. Era a salvação de todos que estivessem em apuros.

Sebastião era muito querido, e os escravos viam na cor da pele dele um igual, e por isso a confiança aumentava. Mesmo Diogo era também um bom patrão, mas pouco se metia na vida dos negros. Sebastião tinha todo o poder para cuidar dos cativos. Cabia a ele administrar conflitos e todas as necessidades dos negros.

Assim, chegava àquela fazenda mais um antigo habitante de uma época de terror, de medo, de mortes horríveis ocorridas lá no começo daquele século.

Matias voltava!

O bracinho do pequeno era o resultado da consciência culposa de Matias pelos incontáveis homicídios e padecimentos que sua mão direita, empunhando o chicote, causara aos escravos.

Após a desencarnação, em péssimas condições, perambulou por duas décadas no umbral. Foi o tempo necessário para, por meio do sofrimento e da humilhação, despertar para o sentido da vida.

Não aprendeu, é claro, tudo o que deveria aprender. Pelo menos se conscientizou de que sua situação era gravíssima.

Não tinha, naquele momento, afetos a quem recorrer para uma nova existência.

Renasceria como resultado de ato violento de um estupro.

Nos poucos anos que permaneceu no nosocômio espiritual, não tivera muitas condições de aprender o mínimo necessário.

Seus reflexos estavam condicionados à prática da violência.

Recebera os melhores cuidados, graças ao apoio de Constantino, que sequer cogitara de levá-lo a uma colônia espiritual para ser reeducado.

Melhor seria descer novamente à Terra, ainda que por breve período e junto àqueles aos quais causara tantos sofrimentos, pelos seus atos cruéis como feitor, e, então, ele absorveria um pouco que fosse da bondade do benfeitor reencarnado como Sebastião.

Assim, como sempre, a Espiritualidade maior planejou cuidadosamente a volta do antigo feitor para que ele não se perdesse novamente.

Sebastião recolhia com bondade aquele espírito que reencarnou na Fazenda Pombal para reparar os erros na convivência com as maldades cometidas por ele, espírito, quando na existência como Matias.

Pedrinho, como o chamava de forma carinhosa, teria em Sebastião um pai e aprenderia muito para, aí sim, ao desencarnar, ter condições de ser internado em uma entidade educacional da espiritualidade.

Impossível dar saltos no processo evolutivo.

Não há como albergar o espírito renitente nos erros e na prática deliberada da maldade numa colônia espiritual onde habitam sofredores conscientes de suas falhas.[10] Nos casos graves de fixação no erro, somente esgotaremos nossas más tendências após a morte, perambulando indefinidamente pela crosta terrestre e por seus umbrais ou quando abrirmos nossos sentidos para os benfeitores que nos socorrem e providenciam nossa volta quase que imediata à vida na Terra, em nova existência. Não há outra opção, ainda que espíritos benevolentes nos recolham. Eles nada mais podem fazer em nosso favor enquanto não despertarmos para o significado da realidade da vida.

---

10. No capítulo 31 da obra *Nosso Lar*, André Luiz narra uma passagem em que Paulo, vigilante-chefe da Colônia Nosso Lar, justifica a Narcisa e André Luiz por que não poderia socorrer um espírito que pedia para entrar no grande portão da colônia. Tratava-se de uma mulher que, na Terra, como profissional de ginecologia, havia praticado dezenas de abortos. O espírito exibia terrível carantonha de ódio, bradando: "Minha consciência está tranquila, canalha!... Empreguei a existência auxiliando a maternidade na Terra. Fui caridosa e crente, boa e pura...". Então, Paulo explica: "Esta mulher, por enquanto, não pode receber nosso socorro". "É preciso entregá-la à própria sorte". Todos "somos espíritos endividados; entretanto, temos a nosso favor o reconhecimento das próprias fraquezas e a boa vontade de resgatar nossos débitos; mas esta criatura, por agora, nada deseja senão perturbar quem trabalha. Os que trazem os sentimentos calejados na hipocrisia emitem forças destrutivas.". "Creio que a irmã ainda não recebeu nem mesmo o benefício do remorso. Quando abrir sua alma às bênçãos de Deus, reconhecendo as necessidades próprias, então," ela poderá voltar. E Paulo rematou: "É imprescindível tomar cuidado com as boas e más aparências. Naturalmente, a infeliz será atendida alhures pela Bondade Divina, mas, por princípio de caridade legítima, na posição em que me encontro, não lhe poderia abrir nossas portas". (XAVIER, F. C. *Nosso Lar*. Pelo espírito André Luiz. Brasília: FEB)

Sebastião ia consertando com paciência tudo aquilo que deixara de fazer por negligência.

Diogo mudou muito, principalmente por ter ao seu lado aquele que fora seu filho. Tinha agora humildade para reconhecer e aceitar o apoio de um escravo que se elevava a um nível muito alto. Sebastião tinha por parte de Diogo carta branca para agir conforme o necessário ao bem de todos.

Viajando com frequência, Sebastião adquiria novas conquistas, por meio de ideias modernas que ia incorporando ao dia a dia da fazenda. A causa abolicionista era uma delas.

De certa forma, habilmente ia convencendo Diogo, e já se antecipavam à nova realidade que estava prestes a chegar. Àqueles escravos que já tinham condições de se adequar a uma nova vida de forma independente iam concedendo a liberdade.

Aos poucos ia introduzindo na propriedade mudanças que em pouco tempo culminariam com o assentamento de colonos, imigrantes vindos de países europeus.

Indo novamente à capital do império, e em contato com Rafael, Sebastião soube da boa novidade.

– Em sua próxima visita ao Rio de Janeiro, estaremos com o Imperador. No momento ele se encontra em viagem pela Europa – informou Rafael abraçando-o.

– Meu sonho! – exclamou quase sem voz.

– Então prepare-se, que, na próxima vinda à Corte, realizaremos seu sonho – disse o idoso, mas ainda forte e na posse de suas melhores faculdades mentais.

A família de Diogo encheu-se de júbilo com a boa nova. Onde chegara aquele pequeno escravo? O protegido de dona Teresa, como falavam, Sebastião tornara-se a alma mais iluminada daquele povo.

Conhecido nos arredores, onde quer que chegasse, era recebido com respeito e carinho, exceto, é claro, pelos radicais contrários à causa abolicionista.

NO PALÁCIO IMPERIAL

ERA FIM DE agosto. O frio naquele ano castigava muito o país tropical, que normalmente pouco sofria com isso. As constantes geadas trouxeram grandes prejuízos à economia da fazenda.

Os primeiros colonos contratados por Sebastião foram de uma utilidade excepcional, dados seus conhecimentos e a vasta experiência vivida nos rigorosos invernos europeus. Sebastião aceitava com humildade, como era de seu feitio, as novas sugestões apresentadas por aquele povo branco, ainda visto com enorme desconfiança por toda a comunidade local.

Para os dias que finalizavam o mês havia marcado viagem ao Rio de Janeiro, onde precisaria estar presente para participar de importantes negociações alusivas ao interesse da fazenda e de um encontro com influentes personalidades abolicionistas.

Chegando a então capital do Brasil, procurou seu amigo Rafael como era de costume. Sempre desejava ardentemente reencontrar o velho e querido amigo de tão pouco tempo de convívio, mas por quem sentia uma afinidade indescritível.

Eram laços de muitos séculos de amizade e carinho.

Seu receio era um martelar constante em seu pensamento: "Será que reencontrarei Rafael?". Tal receio prendia-se à idade já avançada do bom amigo que fizera em terras cariocas.

– Meu irmão Sebastião! – com um sorriso de marfim, o velho habitante da corte o abraçava com carinho e atenção.

– Como tem passado?

– Saudades, meu bom Rafael. Temos trabalhado bastante na luta de nosso povo. E você? O que me conta?

– Ainda aqui servindo meu leal Imperador. Esperando Deus me chamar.

Rafael não era escravo, mas cuidava de D. Pedro II desde a partida de D. Pedro I, para Portugal, quando abdicara do trono, em abril de 1831. O menino contava apenas 5 anos de idade.

Tornara-se um tutor, um servidor, um amigo para aquela criança. D. Pedro II tinha, assim, respeito, admiração e gratidão por Rafael.

– Fique tranquilo – respondeu Sebastião. – Deus ainda quer você por muitos anos aqui na Terra. Estimo vê-lo assim tão bem.

– Vamos para o palácio? – a pergunta repentina pegou Sebastião desatento.
– Assim? Agora? De repente?
– O amigo tem compromisso para hoje?
– Só no fim da tarde. Reunião da nossa causa.
– Que bom! Admiro vê-lo envolvido. Esse trabalho em favor de nossos irmãos haverá de alcançar o sucesso!
– Sim, é o que esperamos. Mas quanto à visita ao palácio, não teríamos de marcar com antecedência?
– Normalmente sim – e, em tom de brincadeira: – Mas você se esquece que eu moro lá?
– Até me esqueci – disse rindo o interlocutor.
– Não é uma visita oficial – esclareceu. E completou, de forma divertida: –Afinal, não vamos receber um ministro, vamos?

Sebastião abraçou o ancião, feliz com a forma descontraída com que tratavam de tudo. Antes que respondesse, ouviu ainda do velho negro:

– Até é um ministro anônimo, mas isso pode ficar em segredo para o bem da causa de nossos sofridos irmãos.

Naquele dia inesquecível para o senhor que viera como escravo de Moçambique, separado de forma desumana de sua mãe, foi uma experiência única conhecer e conversar com o culto monarca, tão injustiçado pela História nas terras do Cruzeiro do Sul.

Sebastião soube que o próprio Imperador já trabalhava na causa abolicionista havia mais de 40 anos. Enviara diversos projetos pedindo a libertação dos negros, mas nunca obtivera aprovação por parte do Parlamento.

Contrariando o que a maioria do povo pensava, a sua vontade não era lei. Afinal, o Brasil era uma monarquia parlamentar.

Soube também que a imperatriz Teresa Cristina, havia mais de 20 anos, doara todas as suas joias em benefício da causa abolicionista.

Conheceu a princesa Isabel, que, em 1871, promulgara a Lei do Ventre Livre, que determinava a liberdade dos filhos de escravos que nascessem a partir daquela data. Dessa forma, estavam livres do terrível destino de nascerem escravos como era prática até ali.

Tomou conhecimento de que ela financiava, no bairro Leblon, uma comunidade negra que cultivava plantações de camélias, a flor que era o símbolo da abolição.

A princesa contou seus projetos, mas mencionou os graves riscos que corria.

Sofria, a partir da Lei do Ventre Livre, constantes ameaças de morte, que se estendiam até seus filhos e eram financiadas pelos cafeicultores escravocratas.

Em vista disso, fora criada pelo notável José do Patrocínio, abolicionista conhecidíssimo, uma guarda para a princesa, conhecida como a "Guarda Negra".

– Meu pai – dizia ela – tentou aprovar uma lei oferecendo assistência do Império aos filhos dos negros escravos para que possam estudar e ingressar na sociedade, mas tal sonho do Imperador parou nas mãos do Parlamento. Diante disso – prosseguiu ela – o Imperador financia com a sua própria verba escolas que visem à formação acadêmica de filhos de escravos, e assim já temos vários profissionais negros, mas a vida deles não é nada fácil. Estamos trabalhando por um futuro melhor para essa população excluída. No século XX, com certeza, colheremos os frutos desse trabalho.

Sebastião ficava perplexo ouvindo tantas ações da família imperial em favor de seus irmãos negros. Mais admirado ficou quando constatou que no palácio não havia escravos. Os negros que ali trabalhavam eram todos assalariados.

"A vitória de nossos projetos está próxima" – pensava. No entanto, desconsiderava a reação dos poderosos que teriam seus interesses contrariados.

Toda a dedicação, todo o sentimento humanitário da família imperial iriam lhes custar muito caro.

Contribuiriam para o bem da jovem nação brasileira, libertariam o povo sofrido da escravidão; contudo, assim como ocorreu com Moisés, que conduziu o povo hebreu à Terra Prometida e morreu antes de nela pôr os pés, não lhes estaria reservado o direito de entrarem na Terra Prometida dos escravos africanos do Brasil.

Sebastião naquela tarde saiu do palácio de alma nova, renovada. Iria para a reunião com seus pares na luta abolicionista com ânimo forte e disposto a contar as boas novas. Só não esperava constatar que suas palavras nenhum impacto provocou nos membros daquela sociedade. Eles já sabiam de tudo e se limitaram a rir do animado Sebastião e recomendar de forma alegre e animada:

– Não conte nada a ninguém!

A História da nação brasileira registra pouquíssimas informações sobre quem foram D. Pedro II e a princesa Isabel. Aqueles que os conheceram e os que lutaram para resgatar o nome e o caráter irretocáveis deles, e até o conseguiram, não contavam com o fato de que as gerações futuras os relegariam ao esquecimento. Boa parte dos seres que habitam mundos de provas e expiações ainda não conhecem o sentimento da gratidão.

No entanto, a missão de ambos na Terra foi coroada de pleno êxito, e para o Governador do Planeta eles ocupam um lugar de destaque por merecimento e justiça, no cumprimento daquilo que lhes foi confiado.

PALAVRAS FINAIS DE SEBASTIÃO

ESSAS SÃO CONSIDERAÇÕES nas quais meu ilustre intermediário, professor Alceu, não está presente com a sua sempre valiosa e indispensável colaboração.

Por intermédio de nosso convívio durante décadas, fui passando a ele os fatos narrados nessa obra. Lá no começo de nossa conversa, o professor idealizava um livro.

Aguardamos pacientemente a oportunidade em que pudéssemos encontrar nosso colaborador na Terra, um médium que tivesse afinidade com o narrador.

A princípio, pedi ao nobre e querido amigo que, usando de sua elevada capacidade no trato com as letras e palavras, pudesse dar vida a minha despretensiosa história.

O professor jamais se opôs, pedindo apenas que aguardássemos o momento e a pessoa adequados. Por questão de sintonia, ele me explicara, é necessário alguém capaz de captar fielmente cada detalhe da narrativa.

O leitor poderá perguntar: Por que eu mesmo não ditei a história?

Basicamente por não querer repassar em minha consciência pesadíssima as falhas imperdoáveis, poderia dizer assim na linguagem humana, daqueles dias tão comprometedores.

A pedido do autor espiritual, repassei toda a narrativa colocada por ele e a forma como o médium descreveu e posso dizer, sem sombra de dúvida, que os fatos ocorreram exatamente dessa maneira.

Hoje, na espiritualidade, meu trabalho prioritário é buscar cada um desses seres, assistindo-os em seus processos de reabilitação e dessa forma restituindo-me a paz de consciência.

São centenas de espíritos desviados do caminho do bem.

Muitos se recuperam rapidamente e entendem o novo caminho a seguir. Porém, para minha tristeza, cerca de uma centena e meia ainda sequer aceitam a ideia do perdão.

Matias, Maria Auxiliadora e Maurício vivem hoje na Terra e se dedicam de uma ou outra forma aos preciosos ensinamentos do espiritismo.

Ubaldo convive com eles, mas ainda é uma alma muito revoltada.

Outros seguem a vida aí, no Planeta, ou laborando por aqui.

André ocupa postos elevadíssimos aos quais chegou por sua própria condição de ser iluminado.

Faustino nos ajuda na causa agora de libertar os escravos do ódio. Entre estes, muitos não foram escravos na Terra e ainda defendem a escravidão.

É a luta, meus irmãos!

É o preço do descaso, do desperdício de existência, vivendo-se em completo comodismo. A frase "Eu não faço nada de errado, não faço nenhum bem, mas também não pratico o mal" traduz tudo. Há muito o que se fazer em prol do bem. Omissão em praticar o bem já é um mal.

E, complementando as notícias das pessoas envolvidas nessa trama, meu avô Belarmino, meu protetor e braço direito, cuja presença em minha vida foi fundamental para que eu não cometesse mais equívocos, vive hoje na Terra em começo de existência.

Assisto, dentro de minhas possibilidades, a todos. Enquanto existir uma alma que chore o pranto da dor ou da revolta entre aquelas que estiveram sob minha responsabilidade, não me afastarei da vida na Terra.

Os pretos velhos tão bem acolhidos por aqueles que sofrem levarão o consolo e a ajuda aos seus lares.

Reflitam numa imagem que passo a vocês.

Matias, que odiava tanto os irmãos negros, hoje reencarnado como relatamos, abre um sorriso enorme quando recebe a visita deste pobre ser que escreve a vocês; e, aliviado, ele me conta suas dores do presente, e eu mais feliz ainda me sinto quando o deixo confiante e de alma renovada para suas lutas redentoras na Terra.

Vejam o que nosso Mestre e modelo nos proporciona e lembrem-se da frase inesquecível: "Nenhuma de minhas ovelhas se perderá."

Orem sempre com fé e tenham a certeza, muitos Sebastiões estarão a sua volta, amparando-os em suas dores e oferecendo o amor ensinado por Nosso Senhor Jesus Cristo.

PALAVRAS DO MÉDIUM

DETALHE DE UMA MENSAGEM

NO DIA 13 de maio de 2014, recebi, entre tantas outras mensagens que normalmente vêm nos trabalhos no centro espírita, essa que apresento em seu original.

A meu ver, era só mais uma mensagem como as outras que eu lia ao final de cada trabalho.

Uma das colegas de trabalho até comentou ao final da leitura: "Olhe, pode até dar um livro", mas sinceramente a mim não chamou tanta atenção. Nem de longe imaginava que fosse a origem de toda uma história bonita e educativa.

Passados seis anos sem que nesse período houvesse qualquer outra mensagem escrita desse espírito, passei a ter contato com ele no dia a dia pela intuição. Sebastião muito me ajudava nos momentos de desarmonia na saúde física ou emocional, proporcionando-me curas e reequilíbrio ao corpo e à mente.

Assim, em poucos meses de convivência, ele me intuiu a rever, naquelas dezenas de cadernos, algumas mensagens de otimismo e apoio a fim de divulgar nas redes sociais nos dias difíceis da pandemia da Covid-19.

Para minha surpresa, encontrei uma única mensagem psicografada pelo espírito Sebastião, da qual não mais me lembrava.

Honestamente, são vários espíritos que se utilizam de minha mediunidade para psicografias, entre os quais seis o fazem quase que semanalmente.

Outros, como foi esse caso de Sebastião, enviam sua mensagem e não mais ditam outras ou muito esporadicamente voltam aos trabalhos.

Decorridos alguns meses, o professor Alceu foi me passando a narrativa.

O professor é de minha terra natal e, como gosto muito de pesquisar coisas do passado de lá, principalmente pelos jornais da cidade, já que deixei minha terra aos 13 anos de idade, há uns 5 ou 6 anos encontrei uma matéria dele num jornal e até brinquei com alguns amigos: "Como é engraçado: o estilo desse autor é muito parecido com o meu modo de escrever."

Jamais imaginaria que resultasse em tudo isso.

O professor é um dos fundadores do Sanatório Espírita de Uberaba. Desencarnou em agosto de 1962. Por essas "estranhas coincidências da vida", quatro meses após a desencarnação de minha mãe na mesma cidade.

Enfim, segui adiante descobrindo essas maravilhas da vida em que nem sempre acreditamos se não conseguimos ver com os olhos da carne.

Eu me vejo muito no estilo São Tomé, mas a vida tem me provado que grande parte das vezes não precisamos tocar nas feridas provocadas pelos cravos no Crucificado, para saber que ele está presente entre nós.

VOCÊ PRECISA CONHECER

A escolha de Samira
Mario Suriani • Sóror Helena (espírito)
Romance mediúnico • 14x21 cm • 192 pp.

Com apenas 16 anos, Samira se submete a um casamento sem amor com um homem rude e grosseiro e após quatro longos anos é abandonada com três filhos. Foi submetida a todo tipo de sofrimento.

E quando, enfim, parecia estável, eis que ela se surpreende ao conhecer aquele que seria o grande amor de sua vida. Capitão de grande nau, Pedro era tudo que Samira sonhara.

Agora, ela terá que fazer uma difícil escolha...

Getúlio Vargas em dois mundos
Wanda A. Canutti • Eça de Queirós (espírito)
Romance mediúnico • 16x22,5 cm • 344 pp.

Getúlio Vargas realmente suicidou-se? Como foi sua recepção no mundo espiritual? Qual o conteúdo da nova carta à nação, escrita após sua desencarnação? Saiba as respostas para estas e outras perguntas, agora em uma nova edição, com nova capa, novo formato e novo projeto gráfico.

A vingança do judeu
Vera Kryzhanovskaia • J. W. Rochester (espírito)
Romance mediúnico • 16x22,5 cm • 424 pp.

O clássico romance de Rochester agora pela EME, com nova tradução, retrata em cativante história de amor e ódio, os terríveis fatos causados pelos preconceitos de raça, classe social e fortuna e mostra ao leitor a influência benéfica exercida pelo espiritismo sobre a sociedade.

Não encontrando os livros da EME na livraria de sua preferência, solicite o endereço de nosso distribuidor mais próximo de você através de
Fones: (19) 3491-7000 / 3491-5449
(claro) 9 9317-2800 (vivo) 9 9983-2575
E-mail: vendas@editoraeme.com.br – Site: www.editoraeme.com.br